ChatGPT 翻訳術

新AI時代の 超英語スキルブック

AI POWERED
ENGLISH SKILLBOOK

立教大学教授
山田優
Masaru Yamada

アルク

はじめに

機械翻訳とChatGPTのような大規模言語モデル（LLM）の登場により、新たな時代の扉が開きました。これは、私たちが英語の壁や外国語の壁を越え、全世界とのコミュニケーションを取れるようになるという、画期的な時代の到来を意味します。

ChatGPTはこれまでの常識を覆す翻訳ツール

特にChatGPTは、通常の翻訳機能を超越した、新次元の対話型翻訳ツールとして位置づけられます。従来の機械翻訳は一方的に原文を翻訳するのみでしたが、**ChatGPTでは「どのように翻訳してほしいのか」等のプロンプト（ChatGPTへの指示・質問）を与えることで、柔軟かつきめ細やかに対応してくれます。**これまでの機械翻訳では難しかった、**「自分だけの、まさにその場その場に合った」翻訳**が可能となりました。

この新しい翻訳の可能性を、具体的な実例を通じてご覧いただきましょう。まず、ChatGPTに以下のような翻訳の指示を出してみます。

プロンプト（ChatGPTへの質問）

次の日本語を英語に翻訳してください。
私は猫舌ですから、食べるのが遅いです。

ChatGPTの回答

I eat slowly because I have a cat's tongue.

（ChatGPT, 2023年5月）

従来の機械翻訳と同様に、「猫舌」が「a cat's tongue（猫の舌）」と直訳されました。これまでの機械翻訳では、「猫舌」という表現を英語で「a cat's tongue」と表現して通じるのかどうかの判断が難しかったです。**機械翻訳を使う側にそれを判断する英語力が求められましたし、できないのであればネット検索などで調査する必要がありました。**

しかしここがChatGPTの真骨頂。これが英語で通じるのかどうか、聞いてみれば良いのです。以下のようにプロンプトを出して質問してみましょう。

プロンプト（ChatGPTへの質問）

I eat slowly because I have a cat's tongue.
これは英語で通じますか？

ChatGPTの回答

「I eat slowly because I have a cat's tongue」というフレーズは日本語の直訳で、猫舌を意味しますが、この表現は英語話者にとっては理解しきれない可能性が高いです。なぜなら、「猫舌」は日本特有の表現で、英語にはそのままの相当表現が存在しないからです。この意味を英語で伝えるなら、「I eat slowly because I'm sensitive to hot foods」（私は熱い食べ物に敏感なのでゆっくり食べます）や、「I eat slowly because my tongue is sensitive to heat」（私の舌は熱に敏感なのでゆっくりと食事します）などと表現することをおすすめします。

（ChatGPT, 2023年5月）

この例からも分かる通り、ChatGPTは単なる翻訳ツールではなく、私たちの**コミュニケーションパートナーとも言える存在**となりました。それは英語での発信をサポートするだけでなく、私たちが英語での意思疎通を通じて世界に羽ばたくお手伝いをしてくれます。

しかし、一方で、**この新しいツールを最大限に活用するためには、その使い方を理解し、適切な指示を出す能力が求められます。**この本は、そうした新たな英語学習のパートナー、ChatGPTの力を最大限に引き出すためのガイドブックとなることを目指します。一緒にChatGPTと英語の新しい可能性を探っていきましょう。

AI時代に求められる英語スキルとは

英語を使いこなす、という挑戦は、しばしば英語力のみで評価されがちです。しかし、私たちがChatGPTとともに英語の壁を乗り越えるためには、もう一つの重要な能力が求められます。それは、**言葉を説明するための言葉を持つ「メタ言語能力」**です。この能力は、英語の学習者だけでなく、ChatGPTを活用して英語での発信を行いたい全ての人にとって、身につけておきたいスキルです。では、具体的にメタ言語能力がどのように役立つのか、以下の例をご覧ください。

[質問]
次の２つの文の違いを説明してください。

Can you pass me the salt?

Could you pass me the salt?

「Can you pass me the salt?」と「Could you pass me the salt?」

これら二つの文は、どちらも「塩をとってください」という意味ですが、微妙にニュアンスが違います。英語に慣れている方なら、"Could"の方が"Can"よりも丁寧な表現であると感じ取ることができるかもしれません。しかし、それらの違いを正確に言葉にできるでしょうか?

ここでのポイントは、「Can」と「Could」の違いを完璧に理解しているか否かではなく、**このような微妙な違いがあるかもしれないことに気付き、その問いを立てることができるかどうかです。**それが「メタ言語能力」であり、その問いをChatGPTに投げることで、より深い理解や適切な英語表現を得ることが可能になります。ちなみに、今の問いをChatGPTに聞いて得られた回答が以下です。

プロンプト(ChatGPTへの質問)

次の2つの文の違いを説明してください。

Can you pass me the salt?

Could you pass me the salt?

ChatGPTの回答

これらの文は、ほとんど同じ意味を持ち、両方とも同じ要求を表しています。しかし、"can" と "could" の使用によって、微妙なニュアンスの違いがあります。

"Can you pass me the salt?" は、直接的な要求であり、相手に対して何かをするように促すときによく使用されます。この文は、相手に対して特定のアクションを求めるときに使用され、リクエストが即座に履行されることを期待しています。

“Could you pass me the salt?” は、より丁寧な要求です。“could”は、“can”よりも軽度の条件付きであり、相手に負担をかけることなく、お願いをする際に使われます。この文は、リクエストに対する即時の履行が必要ではなく、相手が応じるかどうかを尊重しています。

（ChatGPT, 2023年5月）

これまで、多くの人々が英語学習に挑み、苦しんできました。ネイティブスピーカーのように英語を話すことに焦点を当て、その直観を追い求めた結果、混乱と挫折が生まれ、英語という壁はますます高くなりました。しかし、ここで一つ、新たな道が開けてきました。**それが「メタ言語能力」というキーです。**

ネイティブスピーカーの直観を持つことはできません。しかし、我々には「メタ言語能力」を身につけることができます。これは言葉を説明する言葉、もっと簡略化して言えば、**言葉について疑問を感じられる能力と、それについて説明できる能力です。**そしてこれが、ChatGPTと共に英語を使いこなすための強力な武器になるのです。

なぜなら、私たちは「Can」と「Could」の違いを直感的に理解する必要はありませんが、それらの違いを問い立て、その答えを理解し、そして自分の言葉にできるからです。そして、その答えを得るためには、ChatGPTが我々の強力なパートナーになるのです。

メタ言語能力は、実際には英語を使いこなすための「プロンプトエンジニアリング」と言えるでしょう。つまり、英語のベースとなる日本語力と、AIへの適切な指示を出す能力、これらを組み合わせれば、我々は英語を使いこなすことが可能になるのです。それは、ネイティブスピーカーを模倣するよりもずっと現実的で、そして効果的な方法です。

この本が目指すのは、それを可能にするための考え方を提供することです。日本語の原文と英語に関するメタ言語を組み合わせて、ChatGPTに適切な英語を生成させる。それが我々の目指す姿です。そのための具体的な手段として、**この本はあなたに「英語生成のためのプロンプトエンジニアリング」のスキルを提供します。**そして、その結果、あなたが英語の新たな使い手になり、自分の言葉で世界とコミュニケーションを取る能力を身につけることを願っています。

だから、ここで一歩を踏み出しましょう。あなたが旅を始める準備はできています。そしてその旅の目的地は、ただネイティブスピーカーのように話すことではなく、自分自身の言葉で世界と繋がることです。それが、この新しい時代の英語学習の真髄なのです。

ようこそ、これからの英語学習へ。あなたの旅が、自身の言葉とAIの力を組み合わせて世界とつながる素晴らしいものになることを願っています。

山田 優

本書を読む前に

本書の執筆にあたって

自己紹介が遅れました。著者の山田優と申します。現在、大学で翻訳・通訳に関して教鞭を執っています。

私の旅は大学時代のアメリカ留学から始まりました。大学院で言語学を修了した後、自動車会社や翻訳会社で勤め、通訳や翻訳を行うことで、同僚やクライアントとのコミュニケーションを円滑に進める役割を果たしていました。

その後、何度かの転職を経て、私は自分の興味が英語、翻訳、コミュニケーション、そしてものづくりに関わる深い探求に向かっていることに気付きました。そのため、再び大学院に戻り、博士号を取得し、研究と教育の道に進むことになりました。

現在の研究では、コンピューターによる翻訳支援や機械翻訳、さらにはAI技術を利用した翻訳や外国語学習、人間のコミュニケーションを円滑にする方法に焦点を当てています。特に興味を持っているのは、人間がどのようにして翻訳を行い、またAIが人間の外国語学習にどのように影響を与えるかということです。

私自身、半分は研究者で、半分は実務者としての立場から、理論的な思考は好きですが、それが実践に反映されていなければ意味がないと感じています。**私が信じているのは、どのような技術を利用するにせよ、最高のコミュニケーションができることが最も重要であるとい**

うことです。AIを使ったとしても、それが人々のコミュニケーションのレベルを高めるのであれば、有用であると感じています。これらの考えを共有したく、本書を執筆しました。

コミュニケーションの主体がAIだろうが、人間だろうが、それは重要ではありません。とりあえず、**コミュニケーションにあなたが関与しているのであれば、最良のコミュニケーションを実現するための多様な手段が存在するということです。**特に、大規模言語モデルの賢い活用は、コミュニケーションを円滑に進めるための強力なツールであると私は信じています。

本書の対象読者

本書の目的は、機械翻訳と大規模言語モデル（LLM）を使いこなして、英語（外国語）の壁を乗り越えるためのエッセンスを伝授するものです。大規模言語モデルを使いこなすために鍵となるプロンプトについては、メタ言語能力という概念と関連付けて説明します。対象読者は以下のような人が考えられます。

- 英語コンプレックスを克服したい人
- ビジネスで英語の発信が求められる社会人
- 英語でレポートや論文作成が必要な学生
- 英語や外国語の教員
- 翻訳者・通訳者など

本書の構成

本書の概要は以下の通りです。

Chapter1
AIによる翻訳技術の進化を正しく理解することで、機械翻訳や大規模言語モデルを、どう活用すべきかを説明していきます。

Chapter2
メタ言語と英語を生成するためのプロンプトの概要を提供します。ことばの基本構造についても説明します。

Chapter3
プロンプトの実践です。英語を生成するための重要なプロンプトを、英語の制作工程になぞって、前工程と後工程の観点から説明します。

Chapter4
Chapter 3で学んだ内容を実践します。ビジネス文書とプレゼンテーションのスピーチの英語版作成を実例に解説します。

Chapter5
これらのテクノロジーとともに、今後の私たちの英語教育、翻訳という職業などについて考えます。

本書記載の用語

機械翻訳

一つの言語から別の言語へのテクストの自動変換のことを指します。Machine Translationを省略してMTとも表記します。(p.29参照)本書では、自動翻訳、AI翻訳も同じ意味として扱います。

ニューラル機械翻訳

機械翻訳の一種で、深層学習（ディープラーニング）に基づき翻訳の処理を行うものを指します。Neural Machine Translationを省略してNMTとも表記します。（pp.23-24参照）本書では、Google翻訳とDeepL翻訳ツールを使用しています。

Transformer

2017年、Googleによって提示された深層学習モデルで、自己注意機構を用いたネットワークアーキテクチャを指します。自然言語処理に広く応用され、ニューラル機械翻訳や大規模言語モデルにおいて重要な技術の基盤です。

大規模言語モデル

大量のテキストデータを使ってトレーニングされた自然言語処理のモデルのAIを指します。Large Language Modelを省略してLLMとも表記します。（p.30参照）

ChatGPT

OpenAI社によって開発された大規模言語モデルのAIの一種です。本書に掲載しているChatGPTとのやりとりには、GPT4が使用されています。

プロンプト

元々はコンピュータのコマンドラインインターフェースでユーザーがコマンドを入力するための場所を指しますが、近年では、AIに対する指示やリクエストを意味する言葉としても使われます。本書では、後者を意味する言葉として扱っています。

プリエディット

AIが誤訳を回避し、正しく英訳できるように、機械翻訳にかける前に原文を調整する作業のことを指します。

ポストエディット

機械翻訳にかけた後に、翻訳結果を調整する作業のことを指します。

注意事項

- 本書では、大規模言語モデルとChatGPTという言葉の両方が存在します。本書の考え方やプロンプトは、ChatGPTでしか動作しないということではありません。Bing、Bardなどの大規模言語モデルでも使えることを想定していますが、本書の目的は、どのようにして指示や質問をしていくべきなのかという考え方を共有することであることをご了承ください。

- 本書で紹介するプロンプトが、いかなる場面においても、万能に動作することを保証するものではありません。本書が目指すところは、プロンプトの背後にある「考え方」であり、その問いを支えるためのメタ言語の一部の共有であります。例えば、「正確性エラー」という言葉の概念を読者が理解してくれたのであれば、次からは、「正確性エラー」という言葉を使って、読者自身で生成AIに質問をしたりプロンプトを出したりできるようになってもらうための支援をすることであります。

- 本書が対象にしている言語は、日本語と英語の組み合わせのみです。訳出の方向は、日本語→英語です。また、主に、書き言葉を対象としています。しかし、それは筆者がこの二言語にしか精通していないという理由であり、本書の考え方が、これ以外の言語の組合せで全く無効であるということを意味しません。他の言語との組み合わせにおいても、応用できる考え方やヒントを本書は提供していると思います。

- 上の項目と関連し、日本語から英語で発信をしていくという活動の性格上、日本語に関する言語能力および、英語についても基礎的な知識があることが望ましいです。また本書のアクティビティを通して、英語力が向上するのかどうかというようなことについての議論は、本書の対象外です。しかし、本書が推奨するアクティビティが、英語力を向上にも低下にも関与しないということではなく、今後は、似たようなアクティビティが、英語教育の場でも行われるだろうと想像するので、研究者や教育者がこの問題を追跡調査し実証していかれることを願っています。そのことは、筆者自身の関心の一つでもあります。

▶ 大規模言語モデルは確率モデルに基づくテクノロジーです。つまり、それが出してくる答えが絶対に正しいという保証は全くありません。誤答があるときに、私たちは、それにどのように気づけばよいのか。また、エラーがあるにもかかわらず、そのようなテクノロジーを活用して、英語で発信してくことの危険性やリスクに関しては、本書とは別に真剣に考えなければならないところであります。そのようなリスクを度外視した主張を、本書は提供しているのでは全くございません。

▶ 上と関連して、本書に掲載するChatGPTが生成した翻訳と説明文においても、誤訳や不適切な解説が含まれることがあります。その場合は、註釈を加えて解説を付していますが、すべてを網羅できているわけではないことをご理解ください。

▶ 繰り返しますが、大規模言語モデルや機械翻訳の回答が、絶対に正しいということはありません。エラーや不適切な説明などが含まれることがあります。生成AIを使う際は、その危険性が伴うことを認識してください。そして、エラー等を見極めるためには、言語や翻訳の専門家等に確認してもらうことなどを推奨します。

▶ 生成AIを使うことに伴う、情報セキュリティ、機密情報、倫理的事柄についても上と同様です。本書が推奨するアクティビティを実施することが、読者の置かれた教育環境、労働環境において適切であるかどうかの判断は、読者自身の責任においてお願いいたします。

▶ 本書は、ChatGPT Plusを活用して執筆しましたが、コアの考え方となる英語生成のためのプロンプトと翻訳のメタ言語、翻訳品質、制作工程などを関係づけた発想は筆者のオリジナルです。

Contents

Chapter

4 実践で学ぶChatGPT翻訳術

本書の内容を即実践！

特典

プロンプトテンプレート集のご案内

本書の購入特典として、紙面掲載のプロンプトのテンプレートとプロンプト作成に役立つ資料が一覧になったウェブページをご利用いただけます。

＊各サービスの内容は予告なく変更する場合があります。あらかじめご了承ください。

• テンプレート集へのアクセス方法

https://portal-dlc.alc.co.jp/にアクセスし、本書の書名、または商品コード「7023020」で検索。コンテンツにアクセスするためには以下のパスワードの入力が必要です。

▶ Password：**GPTTRANS123**

• 掲載対象のプロンプトのテンプレート・資料

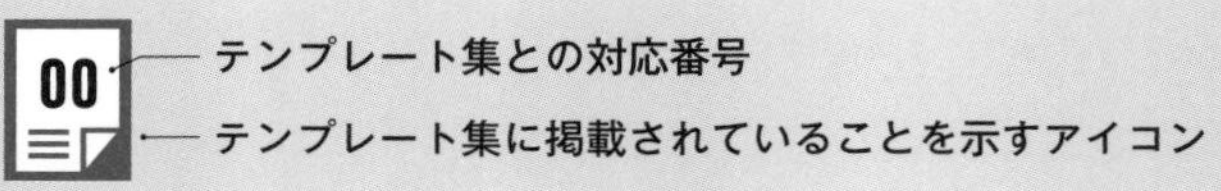

- 本書の紙面中で、上のアイコンが付いたプロンプトのテンプレート・資料が掲載の対象です。
- 自分で入力を行う部分は、**で囲われています。
- アイコン上の番号は、テンプレート集に掲載されている番号と対応しています。自分が探しているプロンプトを見つける際にお役立てください。

＊注意事項にも記載した通り、掲載のプロンプトが、いかなる場面においても、万能に動作することを保証するものではありません。あくまで活用の一助としてお役立てください。

Chapter 1

AI 翻訳の進化の核心を掴む

○○○○○○○○○○○○○○

AI技術は目覚ましいスピードで進化しており、その未来の成長の程度は実際には予測がつきません。

しかし、日本の英語教育や翻訳者育成の領域では、機械翻訳やAIの影響は無視できないほど大きくなっています。その理由は明白で、機械翻訳の英語の能力が、多くの日本人の英語能力を超えてしまっているからです。

機械翻訳の英語力については、具体的な数値が飛び交っていますが、おおよそTOEICのスコアで960点以上と評価されています。[*1] 日本人の平均スコアがおよそ570点、さらに最も高いドイツでも826点であることを考慮すると、機械翻訳の能力の高さが明確に理解できます。

本章では、AIによる翻訳技術の進化を解き明かして行くことで、英語を使ったコミュニケーションにおいて重要なパートナーとなる機械翻訳や大規模言語モデルの活用についての重要な手がかりを探っていきます。

○○○○○○○○○○○○○○

Section 01

AI翻訳の精度を正しく捉えよう

近年、劇的に性能を伸ばした機械翻訳の技術。その実力を的確に捉えることは、その能力を十分に活かすために重要です。まず、翻訳の技術がどう進化してきたのかを見ていきましょう。

AI翻訳はどう進化してきたのか

機械翻訳の技術には、いくつかのアプローチが試みられてきましたが、**ニューラル機械翻訳（NMT）の導入は、2010年代から機械翻訳の品質を飛躍的に高め、一連の革新的な改善も生み出しました。** 2017年にGoogleによって提示されたTransformerアーキテクチャ[*2]という技術が、機械翻訳の処理能力の向上と共に翻訳品質の大幅な改善を実現しました。この技術は大規模言語モデルに広く採用され、近年のAI技術の顕著な進歩に寄与しています。

ニューラル機械翻訳が登場する前、機械翻訳の主流の1つであった統計的機械翻訳（SMT）の基本的な考え方は、コーパスと呼ばれる大量の対訳データ（2つの言語で書かれた同じ内容のテキスト）から翻訳のパターンを学び取るというものです。統計的機械翻訳は一部のテキスト（例えば単語や短いフレーズ）を元の言語から目的の言語に直接翻訳します。しかし、これは通常、広い文脈を理解するのに十分ではありません。例えば、**統計的機械翻訳はしばしば誤訳を生じさせることがあります。なぜなら、同じ単語やフレーズでもその前後の文脈によって意味が変わる場合があるからです。**

一方、**ニューラル機械翻訳は、より洗練されたアプローチで、深層学習と呼ばれる人工知能（AI）の一種を使用します。** これは、人間の脳の神経回路を模倣したニューラルネットワークという概念に基づいています。入力される文全体を考慮して翻訳を行い、その結果、より自然で文脈に応じた翻訳が可能になります。つまり、**ニューラル機械翻訳には、単語やフレーズの間のより複雑な関係を学習し、文全体の意味を理解する能力があります。**

こうした進歩を遂げたニューラル機械翻訳では、前時代の非ニューラル機械翻訳（非NMT）と比較すると、**単に「正確性」が向上しただけでなく、「流暢性」の観点からも格段の進歩を遂げました。** これは、言い換えれば、ネイティブスピーカーのような自然な文章を生成する能力の向上を意味します（図1参照）。

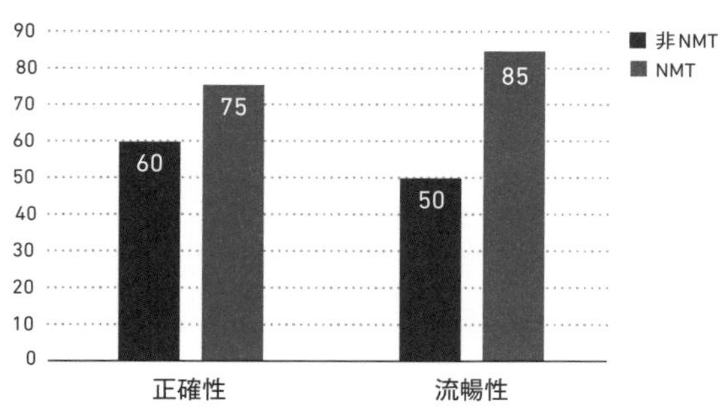

図1 ニューラル機械翻訳では「流暢性」が大幅に向上した[*3]

ここでいう「正確性」とは、情報が事実に基づいている（つまり、正確に翻訳されている）かどうかを指し、一方で「流暢性」は、その情報がどのように伝達されるかに関連しています。

翻訳の方向性が精度に大きく影響する

機械翻訳の正確性と流暢性の向上を考慮する際、英語の4つの技能（インプットとアウトプット）と翻訳の方向性の関連性を整理しておくことは重要です。我々が英語を学習する際には、これら4つの技能を認識します。「読む（リーディング）」「書く（ライティング）」「聞く（リスニング）」「話す（スピーキング）」の4技能です。

英語を「読む」または「聞く」ことは、情報を理解し取り込むこと、すなわちインプットに相当します。この状況では、機械翻訳の方向は英語から日本語へとなります。英語を日本語に翻訳し、それを日本語で理解するというプロセスです。

一方、**情報を発信すること、つまりアウトプットは、「書く」または「話す」に対応します。**この場合の翻訳の方向性は日本語から英語へとなります。伝えたい情報を日本語で書き、それを機械翻訳によって英語に変換し、それを発信するという流れです。これらの関係性は以下の 表1 のとおりにまとめられます。

I/O	4技能	訳出方向
インプット	読み、聞く	英 → 日
アウトプット	書き、話す	日 → 英

表1 I/O、4技能、訳出方向の対応表

機械翻訳や大規模言語モデルを「英語」学習のために活用する際には、**インプット活動かアウトプット活動かにより、翻訳の向きが変わり、これが前述の翻訳品質に影響を及ぼします。**従って、このような関連性を整理し理解しておくことは重要です。

インプット(英→日)の実力

それでは、インプットとアウトプットの目的で使用する際の機械翻訳の能力について考察してみましょう。**インプットの場合、機械翻訳の誤訳率はおおよそ10%以下とされています**[*4]。これは、例えば学術論文やニュース記事の概要を把握する程度の用途には十分なレベルと言えるでしょう。

ある著名なプロの翻訳者、鈴木立哉氏は、SNS上で次のように述べています。「たとえあなたが英語を全く読むことができないとしても、**日本語の新聞を読む常識があれば、無料のDeepLを用いて、ニューヨーク・タイムズやウォール・ストリート・ジャーナルの本文をコピペするだけで約70〜80%を理解することができます**」

多くのプロの翻訳者は、翻訳業務において機械翻訳の利用について否定的な意見を持っています。しかし、鈴木氏は一般の人々(特に英語に詳しくない人々)が機械翻訳を使うことを推奨しています。これは、世界情勢を理解するために、日本国内のメディアだけでなく、海外の報道も視野に入れるべきだとする彼の主張から来ています。確かに、正確性には問題が残るものの、機械翻訳を活用することで海外メディアを70〜80%程度理解できるという彼の主張は、その重要性を強調し、説得力があります。

また筆者の大学の研究室は、機械翻訳を使って英語で書かれた文書の内容を「7〜8割理解できてしまう」ことを検証するために、便宜的に大学入試の英語の読解問題に全問正解できることと読み替えて、実験を行いました。**結論は、機械翻訳にかけたあとの日本語だけを読むことで、誤訳はあるものの、理論的には入試問題の英語を全問正解することができるという結果でした。**[*5]

アウトプット（日→英）の実力

アウトプットの実力は、冒頭で示したTOEIC960点以上です。次の 図2 のグラフは、ビジネス文書を英語で発信する能力（日→英への翻訳＝アウトプット）の評価結果です。[*1]正確性と流暢性のスコアの両方で、機械翻訳（一番左）が、TOEIC高得点保持者のビジネスパーソンの英語力を上回りました。Chapter 2で詳細を説明しますが、正確性とは言いたいことを伝えられているかに関わる指標で、流暢性とはその言いたいことを英語らしい流暢な言い方で伝えられているのかに関係します。

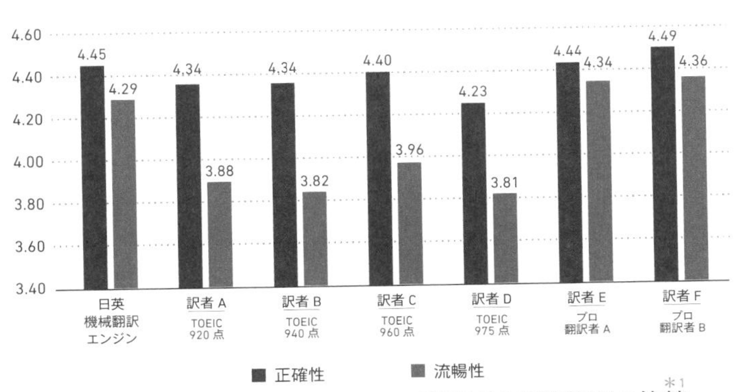

図2 機械翻訳、ビジネスパーソン、翻訳者の日英翻訳の比較[*1]

グラフを確認すると明らかなことは、**機械翻訳とビジネスパーソンとの間で、正確性よりも流暢性の差が大きいという事実です。**具体的には、機械翻訳の流暢性スコアが4.29と高いのに対して、ビジネスパーソンのスコアは3.81から3.96という範囲に収まっています。一方で、正確性に関しては両者の間に大きな差は見られません。もちろん、プロの翻訳者は、正確性と流暢性の両面で機械翻訳を上回るパフォーマンスを発揮しています。ここで重要なポイントは、**これらのスコアの差異から、AIの活用についてのヒントを見つけることが可能であるということです。**

流暢性は、機械翻訳（およびプロ翻訳者）が高いスコアであるのに対して、ビジネスパーソンは全体的に低いです。しかし正確性は機械翻訳とビジネスパーソンの間に大差がありません。つまり、英語でアウトプットする時に、**自分が言いたいことを英語で伝えるだけならば（正確性を担保するだけの目的ならば）、機械翻訳を使おうと自力で英語を書こうと大差ありません。しかし、ネイティブ話者のような流暢な英語で伝えたいのであれば、機械翻訳を活用したほうが得策だということです。**

本書の主目的は、英語でのアウトプットです。そのために機械翻訳やChatGPTの活用方法を解説します。ただし、紹介するプロンプトの一部をそのままインプットの確認のために使うこともできますし、プロンプトの一部を修正することで、インプットのために活用することもできるでしょう。

POINT

- ニューラル機械翻訳では、流暢性の精度が大幅に向上した。
- 機械翻訳の精度は、インプット（英→日）か、アウトプット（日→英）か、という翻訳の向きに影響を受ける。
- ビジネスパーソンと機械翻訳のアウトプット（日→英）を比較すると、流暢性で機械翻訳が大きく上回る。

Section 02

AI翻訳の種類と特徴

AI、機械翻訳、大規模言語モデルなど、さまざまな用語が出てきました。結局、何をどう使えば良いのでしょうか。それぞれの技術を分類し、活用方法について解像度を上げましょう。

翻訳ができるAIの種類

解説を始める前に、AI（人工知能）、機械翻訳（MT）、大規模言語モデル（LLM）について、その関係と種類の違いを整理し、これらの基本的な使い方、実力などを理解しておきましょう。

AI（人工知能）

これは大きなカテゴリで、コンピューターが人間のように学習し、問題を解決し、理解する能力を備えたテクノロジー全体を指します。AIは多くの異なる技術とアプリケーションを含み、機械翻訳やChatGPTもAIに含まれます。

機械翻訳（MT）

AIの応用の一部で、1つの言語から別の言語へのテクストの自動変換を指します。**これは高速で大量のテキストを翻訳するのに適していますが、必ずしも文化的なニュアンスや特異な文脈を理解するわけではありません。機械翻訳は一般的に大量のテキストを迅速に翻訳するのに適しています。**

Google翻訳やDeepLなどの機械翻訳ツールは、一般的な文脈で使用される表現やフレーズの翻訳に強いですが、専門的な語彙や独特な表現を正確に翻訳するのは難しいことがあります。

大規模言語モデル（LLM）

特定のAIモデルで、自然言語理解と生成に重点を置いています。ChatGPTはこの仕組みに基づいたツールで、対話の文脈を理解し、自然な会話を生成する能力があります。

それはまた、**ある言語から別の言語への翻訳を実行する能力もありますが、より深い文脈理解と対話型の要求に対応するために設計されています。**翻訳要求に対して、ChatGPTは質問の文脈をより深く理解し、より人間らしい応答を提供することができます。

加えて、**特定のフレーズや表現のニュアンスについての説明を求めることができ、さらには、翻訳以外の情報**（例えば文化的な背景情報など）**を提供することもできます。**しかし、大量のテキストを翻訳する能力は機械翻訳に比べて限定的です。

3つの関係を以下に記します。

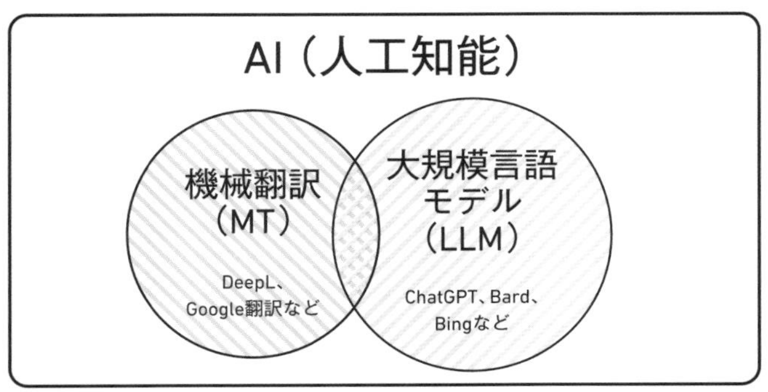

図3 AI、機械翻訳、大規模言語モデルの整理

図3では、3つの用語（AI、機械翻訳、大規模言語モデル）の関係を示しています。最大の枠は「AI」を表します。**「AI」の枠の内部に、「機械翻訳（MT）」と「大規模言語モデル（LLM）」があります。**

「大規模言語モデル」と「機械翻訳」の円は、部分的に重なっています。これは、大規模言語モデルが機械翻訳の進歩に貢献することが可能であり（例えば、より自然な文章を生成するために）、また機械翻訳が大規模言語モデルの一部として利用されることがある（例えば、ChatGPTが異なる言語間での翻訳を行うことができる）という事実を表しています。

従来の機械翻訳とChatGPTの比較

従来の機械翻訳と大規模言語モデルの違いを翻訳するという観点から見ると、以下のような利点と欠点が考えられます。

従来の機械翻訳

利点：

- 即時に翻訳結果を得られます。
- 使い勝手がよく便利です。
- 多くの言語対応が可能で、幅広いニーズに対応できます。
- サイズの大きいファイルを翻訳できます。

欠点：

- 大規模言語モデルと比べると、文脈を理解する能力が限定的で、長文や複雑な文章では意味を取り違えることがあります。
- イディオムやスラング、文化的な表現に対する理解が弱く、これらを正確に翻訳するのが難しいです。

- 文法的なエラーや不自然な翻訳が発生することがあります。
- プロンプトが使えないので、訳出の種類を変更するには、プリエディット（原文を前編集する）またはポストエディット（訳文を修正する）を行うしか基本的には方法がありません。機械翻訳自体をカスタマイズすることも技術的には可能ですが、一般ユーザーがそれを行うにはハードルが高すぎます。

ChatGPTの翻訳

利点：

- 文章全体の文脈を把握する能力が比較的高いです。
- 複数の文をまたいでの参照や言及を理解することが可能で、物語や論文のような長いテキストでも一貫性を保つことができます。
- プロンプトを与えることで、訳出の種類を変えたり、誤訳の確認ができたりします。

欠点：

- 時々、奇妙な誤訳や不自然な表現が生じることがあります。
- 高度な知識や特定の専門領域の翻訳には限界があります。
- すべての言語に対応していない場合があり、特定の言語ペアでしか使用できないことがあります。
- 翻訳専用機ではないので、機械翻訳ツールと比べて、使い勝手が悪いです。

英語をあまり得意としない人にとっては、各システムの特性を理解し、場合によって使い分けることが重要です。例えば、早く簡単な翻訳が必要なら従来の機械翻訳が役立つでしょう。一方、より自然な翻訳が必要な場合や、翻訳の仕様や条件を設定する必要がある場合等にはChatGPTが有用です。

ただし、どちらのツールも完璧ではないため、翻訳の結果をそのまま信用するのではなく、可能な限り確認したり、理解したりすることが重要です。特にビジネス等の実社会の文脈では、誤解が重大な結果を招く可能性があるため、必要な場合には人間のプロフェッショナルな翻訳者に依頼することも考慮してください。

- AIという大きなカテゴリの中に、機械翻訳（DeepLなど）や大規模言語モデル（ChatGPTなど）が存在する。
- 機械翻訳は、使い勝手がよいが、エラーや不自然な翻訳が多い。
- ChatGPTの翻訳は、使い勝手は悪いが、プロンプトによって訳出の種類を変えたり、誤訳の確認が行える。

Section 03

ChatGPTを使ってみる

ChatGPTの導入方法と使い方について見ていきましょう。ツールの特性・使い方を理解するための近道は、自分の手で動かしてみることです。まずは一度、ChatGPTに質問を投げてみましょう。

ChatGPTを使い始めるには

本書では、大規模言語モデルのツールとして、ChatGPTを使用していきます。詳しい内容に入る前に、ChatGPTを使い始めるために必要なことと、基本的な使い方をご紹介します。なおこのセクションの情報は、2023年5月時点のものです。内容に変更が加えられる可能性があるので、ご注意ください。

まず、ChatGPTを使い始めるにはアカウント登録が必要です。

ChatGPTのアカウント登録手順
①ChatGPTのWebサイト（https://chat.openai.com/auth/login）にアクセス
②「Sign Up」をクリック
③メールアドレス・電話番号などの情報を入力してアカウントを作成（GoogleやMicrosoftアカウント、Apple IDを使うことも可能）
④2回目以降は、上記と同じWebサイトの「Log in」からログイン

基本的な機能は、無料アカウントでも使用することができますが、「ChatGPT Plus」という有料版（月額20米ドル）のサービスもあります。主な違いとしては、モデルの精度が高いこと、応答速度が速いこと、新機能への優先的なアクセスが挙げられます。

本書でお伝えする活用方法や、プロンプトのテンプレートは、有料版を想定していますが、無料版でも実行できます。

ChatGPTに指示を出してみる

では、実際にChatGPTに対して、指示・質問を出してみましょう。ChatGPTとのやりとりは、とてもシンプルです。下の 図4 で示している、画面の下部分にある、テキスト入力欄に指示・質問を入れて、送信するだけです。

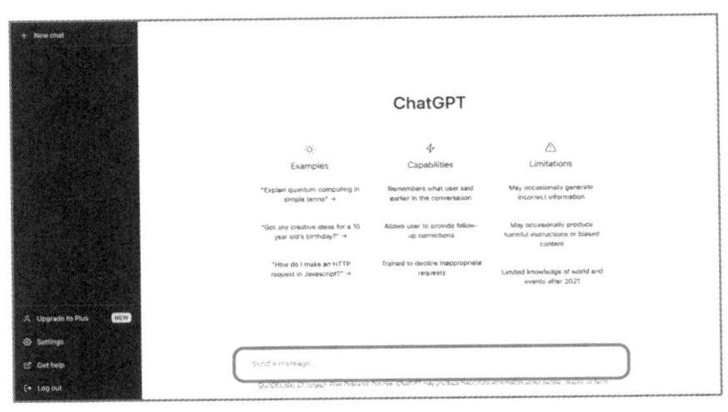

図4 ChatGPTのテキスト入力欄

例として「ChatGPTとはどんなツールなのか」という質問をしてみましょう。今回、以下の文を用意しました。

[ChatGPTへの質問文]

はじめて使う人でも理解できるように、ChatGPTとはどんなツー

ルか教えてください。

このような、**ChatGPTが文章を生成するための指示文・質問文のことをプロンプトといいます。**プロンプトは単純な指示・質問だけでなく、例の「はじめて使う人でも理解できるように」の部分のように、**さまざまな条件や、制約を加えることも可能です。**また、同じ内容に関する指示であっても、指示の出し方（プロンプトの書き方）によって出力される結果が異なるケースがあることも興味深い点です。

この例を入力欄に入れて送信を行ったところ、以下のような文章が生成されました。

プロンプト（ChatGPTへの質問）

はじめて使う人でも理解できるように、ChatGPTとはどんなツールか教えてください。

ChatGPTの回答

もちろんです、できるだけわかりやすく説明しますね。

ChatGPTは、OpenAIによって開発されたAI（人工知能）の一種です。具体的には、大量のテキストデータから学習を行い、人間のような文章を生成する能力を持つ、自然言語処理（NLP）モデルと呼ばれるものです。

ChatGPTは人間と対話するように設計されており、質問に答えたり、会話を進めたり、情報を提供したりすることができます。また、創作物の生成や、特定の課題へのアドバイス提供など、多様なタスクにも対応しています。

しかし、ChatGPTは完全な知識を持っているわけではありません。訓練データはインターネット上のテキストデータが中心で、そのため、最新の情報や一部の特定の知識については正確に回答できない場合もあります。また、人間のように意識や感情を持っているわけではなく、あくまでAIモデルに過ぎません。

そのため、ChatGPTによる回答は、あくまで参考の1つとして利用することをおすすめします。

（ChatGPT, 2023年5月）

このように、ChatGPTの説明だけではなく、使用上の注意点まで簡潔にまとめられた回答になっています。

同じチャットでやりとりを続ける場合は、入力欄に続けて指示・質問を送ることで、前のやりとりを受けた回答を得ることができます。新しい話題に関してやりとりを始める場合には、（p.035）図4左上の「+ New chat」をクリックすることで、別のチャットを開くことができます。

多様な分野で期待されるChatGPTの活用

このChatGPTの文章を生成する能力は、さまざまな分野・用途で活用される可能性があると考えられています。

ChatGPTの活用事例

前述したように、ChatGPTは指示の出し方で結果が変わります。つまり、いずれの分野・用途においても、**実務レベルで活用していく場合、適切な回答を得るための指示・質問を行うため、一定の知識やスキルが求められる**、ということが考えられます。

- ChatGPTは、プロンプトと呼ばれる指示文や質問文に対して、チャット形式で文章の生成を行うAIの一種。
- 多種多様なシーンで活用が期待されるが、分野・用途ごとに、適切な回答を得るためには、一定の知識やスキルが求められる。

Section 04

ChatGPTが実現する次世代の翻訳

ChatGPTは、人間が話す言葉（自然言語）の理解や処理に優れ、多種多様な用途・分野で活用される可能性を秘めていることがわかりました。それでは、翻訳における、活用方法について考えていきましょう。

プロンプトで翻訳のカスタマイズが可能に

ChatGPTはこれまでの機械翻訳と違い、**プロンプト（指示文）を与えることで翻訳の方法をカスタマイズできます。**翻訳の目的を設定したり、翻訳の読者を特定したりできます。

従来の機械翻訳 vs ChatGPTの翻訳

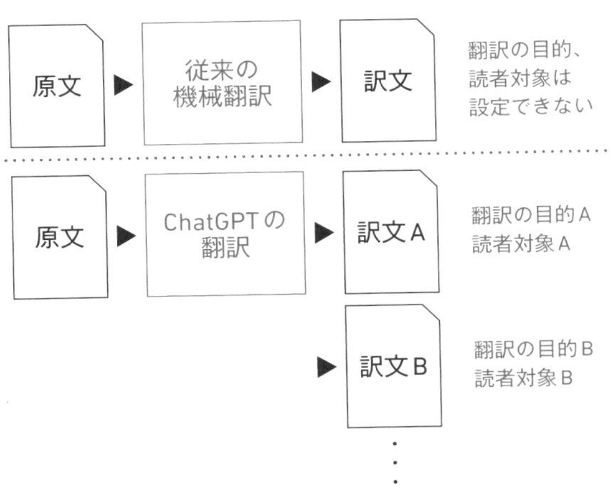

また出力された訳文が正しいのか、誤訳はないか、適切な用語が使われているのかなどを確認することも、プロンプトを与えることでやってくれることがあります。こうすることで、より適切な翻訳を得られるのです。

本書で扱うプロンプトは、「日本語の原文」と「メタ言語」を軸に考えられています。**自分が英語で伝えたい内容をまず、適切な日本語（の原文）で表現して、それを機械翻訳もしくは大規模言語モデルに入れれば、かなり精度の高い英語が出てきます。**

このようにAIが正しく文を理解し、誤訳を回避して訳文を出すことができるように、原文を調整する作業のことを「プリエディット」といいます。また原文と一緒に、大規模言語モデルにプロンプトを入れることで、出力をカスタマイズすることができます。

さらに、**翻訳された英語の適切さを判断するために、プロンプトを入れて大規模言語モデルに判定してもらうこともできます。**また必要に応じて、翻訳結果を修正する「ポストエディット」と呼ばれる作業も行うことも可能です。

プロンプトを作るために必要なスキル

さて、それでは、適切なプロンプトを、どうやって私たちは考え出せばよいのでしょうか？　これが最大の問題です。そこで、プロとして働く翻訳者や翻訳会社が、どのようにして高品質の翻訳を制作しているのかに着目することで、そのヒントが得られるかもしれません。

当然ではありますが、プロの翻訳者は高品質に翻訳できる能力を備えています。これは、プロ翻訳者の才能なのかもしれませんし、学習方法が違うのかもしれませんが、筆者がこれまでの研究等を通して注目してきたのは、**このような人たちが有する「メタ言語能力」でした。**なぜその翻訳が優れているのか、またなぜその訳が誤訳なのかを説明できる能力です。

例えば「a beauty house」よりも「a beautiful house」が正しいことを説明するためには、「形容詞」と「名詞」と「修飾」という文法知識という、すなわち「メタ言語」を知っている必要があります。この例では、名詞（house）を修飾するためには形容詞（beautiful）が適切であるといった類の文法知識が有効です。このように言葉を説明する言葉のことを「メタ言語」といいます。文法はメタ言語の一種です。言葉や翻訳を説明するためのメタ言語は他にもたくさんあります[*6]。**例えば、「誤訳」と一言で言っても、「正確性エラー」「訳抜け」「未翻訳」などの種類があり、こういうメタ言語（概念のようなもの）を、プロ翻訳者らは知っているからこそ、あらゆる種類の誤訳を防ぐことができるのです。**このようにメタ言語を使って翻訳を実施・説明できる能力を「メタ言語能力」と言います[*7]。

ここまで述べればメタ言語能力が、Chat GPTのような対話型のAI（大規模言語モデル）を活用する場合にプロンプトを出してその役割を果たせることがわかると思います。つまり、これまで私たちが学校で学んできた英文法や翻訳教育や翻訳学で使われてきた翻訳用語などを駆使してプロンプトとして質問をすれば、私たちはChatGPTから適切な回答を得るかもしれないのです。

ChatGPTを活用すると翻訳はこう変わる

前工程		制作工程	後工程	
原文	▶ プリエディット	▶ 自動翻訳	▶ 訳文	▶ ポストエディット

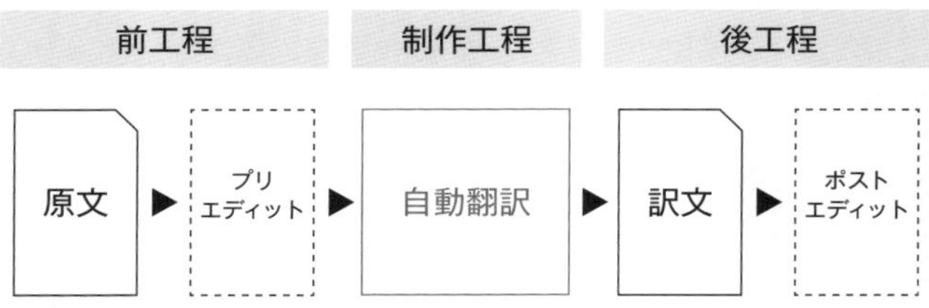

従来の機械翻訳

正確な訳文を出すための原文の編集(プリエディット)は人が行っていた

出力仕様はコントロールできなかった

訳文の誤訳・適切さのチェック、修正(ポストエディット)は人が行っていた

ChatGPTの翻訳

プロンプトで原文作成や、プリエディットがAIと協同可能に

プロンプトで翻訳の目的、対象読者の設定など、カスタマイズ可能に

プロンプトでポストエディットがAIと協同可能に

プロンプト作成のために必要な知識＝メタ言語能力

POINT

- ChatGPTはプロンプトによって、翻訳をカスタマイズできる。
- プロンプトによって、翻訳結果の確認も可能になる。
- 適切なプロンプトを書くためには、メタ言語能力が必要。

Column 1

AIの仕組みを理解しよう

AIは予測で結果を出している

コンピューターは、言葉を理解するために、それらを数値に変換します。これが現代のニューラル学習で行われている仕組みです。ここで重要となるのは「単語埋め込み（Word Embedding）」と「注意機構（Attention Mechanism）」です。**言葉を数値に置き換えるとは、単純に固定のIDを割り振るのではなく、数値に特定の「意味」を与えることです。**

例えば、人が住む場所に応じて番号が割り振られるような場合、その番号はその人の「位置」を示すようになります。大阪に住む人に100番が割り振られたら、101番と102番の人も、その近くに住んでいると想像できますが、逆に850番の人はその人たちよりも遠くに住んでいるのだろうということが理解できます。

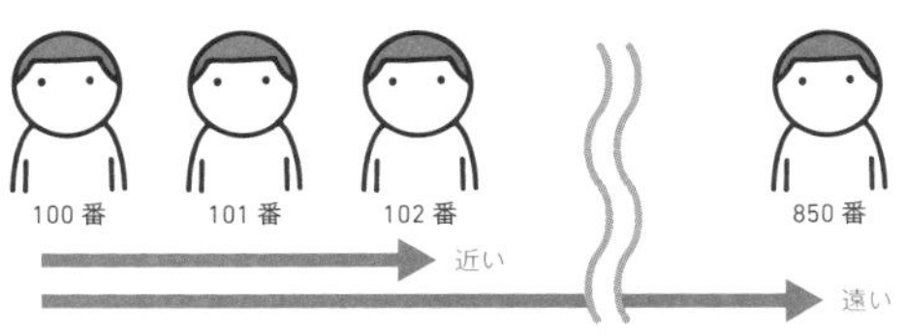

似たような原理を用いて、単語とその意味を学習する手法が「単語埋め込み」です。**重要なのは、単語の意味はその周囲の単語によって明らかになるという考え方です。**単語の周囲の単語の分布を数え上げ、その数をベクトルとして扱うこ

とで、単語ベクトルが作成できます。

ただ、単語だけの意味では十分ではありません。**単語の並び順（つまり文や文脈）による意味の違いも重要です。**その役割を担うのが「注意機構」です。特に自己注意機構は、その単語の周りに他のどの単語が来ているのかを調べます。

例えば、「マウス」という単語は、コンピューターのデバイスとしてのマウス、または実験で用いる動物のマウス、さらにはネズミを英語でマウスという基本的な意味のように、さまざまな意味を持つことがあります。単語だけを見てもその意味は確定できません。しかしながら、**次のような文脈が与えられると、「マウス」とそれを含む文の意味がより確かなものになります。**

1）私はマウスを右クリックした。
2）私はマウスに注射を打った。

上の文は、単語の並び順を考慮した文のまとまりとして数字化することができます。それを踏まえて、次の文(a)が、1)と2)のどちらの後に続くのかも、確率論的に計算できるので、予測も可能です。

(a) そのあとで、キーボードからペーストのショートカットキーを入力した。

このようにして、大規模言語モデルは文章を生成しています。単語や文がベクトルで表現できるようになったことにより、単語や文同士の足し算や引き算、また微分計算などが可能になりました。そのため、大規模言語モデルにも、これまでにないクリエイティビティを発揮できるチャンスが訪れています。他方で、**大規模言語モデルは、単語と単語の関係だけしか学んでいないので、人間のように、音、視覚、匂い、肌触り、過去の体験などの身体性に基づく情報と結びつけて言葉の意味を学習していないという、批判的な見方も存在します**（これはシンボルグラウンディング問題、と関連します）。

しかしLLMの創造力は無限です。食べ物を食べたことがないのに、世界中の料理のレシピを学んだ大規模言語モデルに「抹茶味のラーメン」のレシピを尋ねると、以下のように回答してくれました。さて、この通り作ってみて、本当においしかったとしたら・・・・・・どうでしょうか。

なお、この後者の考え方は、筑波大学准教授・メディアアーチストである落合陽一先生の「ochiai_food」[*8]からインスピレーションを得ました。

「抹茶味のラーメン」のレシピ

ChatGPTの回答

抹茶は日本の伝統的な飲み物であり、その独特の風味は様々な料理やデザートにも使用されています。抹茶の風味はラーメンにも取り入れることができ、それによって独特の風味と色を加えることができます。以下に、抹茶味のラーメンのレシピを提案します。

【材料】（2人分）

- ラーメン麺：200g

- 鶏むね肉：200g
- 抹茶パウダー：大さじ1
- 鶏ガラスープ：500ml
- 塩：適量
- ネギ：1本
- もやし：200g
- 抹茶塩（お好みで）

【作り方】

1. 鶏むね肉を一口大に切り、塩で下味をつけます。その後、フライパンで両面を焼きます。
2. 鍋に鶏ガラスープを煮立てます。沸騰したら抹茶パウダーを少しずつ加え、よく混ぜながら煮ます。スープが均一になったら鶏むね肉を加えて煮ます。
3. ネギを小口切りにし、もやしは水洗いします。
4. 別の鍋でラーメン麺をパッケージの指示通りに茹でます。
5. 麺が茹で上がったら、各ラーメンボウルに等分量盛り、抹茶と鶏ガラのスープをかけます。
6. 鶏むね肉、ネギ、もやしをトッピングとして加えます。
7. お好みで抹茶塩を振りかけて完成です。

この抹茶ラーメンは、抹茶の風味と色が特徴的な一品になります。抹茶が鶏ガラスープとよく混ざり合い、ラーメンに深みとコクを与えます。また、抹茶塩を加えることで風味を一層引き立てることができます。どうぞお試しください！

（ChatGPT, 2023年5月）

Chapter 2

AI翻訳を駆使する言語力を身につける

○○○○○○○○○○○○○○

AIによる翻訳は、非常に流暢でネイティブのような表現を可能にする一方で、エラー（誤訳）が完全にゼロとは言えず、最大で10%のエラー率があると言われます。

そのため、エラーの問題とその原因を知ることや、その対処法を身につけることは、AIを使いこなすうえで非常に重要です。

本章では、機械翻訳が引き起こすエラーを理解し、ChatGPTを利用してどのようにしてそれらの問題を克服できるのかを解説していきます。

まさに、プロの翻訳者が身につけている「メタ言語能力」に通じる言語力が身につく内容になっています。まずは、言葉をどう捉えればよいのか、という少し大きな話から始めてきましょう。

○○○○○○○○○○○○○○

Section 01

翻訳に活きる言葉の捉え方

プロの翻訳者が身につけていて、ChatGPTを翻訳に活用するために重要なスキルである「メタ言語能力」とは一体どのようなものなのでしょうか。言葉の基本的な構造から、その一端に触れていきましょう。

「言葉に関する気づき」がAIの力を最大化する

ChatGPTを活用して適切な英語を生成するために、メタ言語という要素が重要であることを理解しました。メタ言語とは、単語や文を説明するための言葉です。一例として、英文法はメタ言語の一形態と言えます。**しかし、英文法だけでは、言葉の多面性を十分に説明することはできません。文法の枠を超えた部分で、私たちの言葉に対する解釈力は急速に低下します。**

[例文]

1) 彼は東京が好きです。

2) 彼は東京が好きなんです。

上の例文で考えてみてください。同じ意味を伝えていると言えますが、微妙なニュアンスの違いがあります。この違いを説明することはなかなか難しく、**ここに文法だけでは説明できない要素が存在します。**これを理解するために、文法以外のメタ言語が必要になります。

具体的には、2)の「彼は東京が好きなんです」という文のニュアンスを説明するために、**「モダリティ」というメタ言語の概念**を理解することが重要です。自分が説明できないとしても、ChatGPTに対して質問を投げかけることができます。モダリティの詳細については後ほど深く掘り下げますが、いったん、以下のようにChatGPTに質問を投げかけてみましょう。

プロンプト(ChatGPTへの指示)

「彼は東京が好きです」と「彼は東京が好きなんです」の違いをモダリティの観点から説明してください。

ChatGPTの回答

「彼は東京が好きです」と「彼は東京が好きなんです」の違いをモダリティの観点から説明します。

モダリティとは、言語表現における態度や見解、確信度などのニュアンスを指します。日本語では、助詞や助動詞、接尾辞などを用いてモダリティを表現します。ここでは、「です」と「なんです」に着目して違いを説明します。

「彼は東京が好きです」は、単純に彼が東京を好きであることを述べる文です。この文は、事実を客観的に伝えるニュアンスを持ちます。一方、「彼は東京が好きなんです」は、「なんです」が加わることで、話し手が何らかの説明や理由を付け加えることを示唆しています。

「なんです」は、「のです」や「んです」とも表現され、モダリティを表す助動詞の一種です。この表現は、聞き手に対して理由や背景を伝えることで、理解を深めることを意図しています。また、話し手自身の意見や感情が反映されることもあります。

例えば、次のような状況が考えられます。
A：どうして彼はいつも東京に行くの？
B：彼は東京が好きなんです。

この会話では、「彼は東京が好きなんです」と言うことで、Aさんの質問に対して、彼が東京を好む理由や背景を説明しています。

要するに、「彼は東京が好きです」と「彼は東京が好きなんです」の違いは、モダリティの面で現れており、「なんです」が加わることで、話し手が説明や理由を伝えるニュアンスを持たせることができます。

（ChatGPT, 2023年5月）

Chat GPTからかなり的確な説明を得られたので驚きました。この場合は、モダリティという言葉を知らなくても、「なんです」と「のです」の違いは何か、という質問をすれば、同じような回答を得られたかもしれません。いずれにしても、**メタ言語能力、すなわち「言葉に関する気づき」というのは重要で、この気づきを言語化して、AIに指示や質問をできることが重要です。**

私たちよりも流暢な英語を書ける大規模言語モデルが生成した英語が正しいのかを、質問をして1つ1つ理解しながら、その英語を使って発信します。そのために必要な、言葉に対する気づきを促してくれるメタ言語と、プロンプトの一部を本章では説明します。

言葉を2つの要素で捉えてみる

まず大事なこととして、**言葉というのは、大きく分けて、2つの構成要素で成り立っている**ということを心得ておきましょう。**「命題」と「モダリティ」です。**

言いたいことは何か、いわゆる情報に関係するのが「命題」です。そして、**言いたいことを「どう」伝えるのかに関わるのかが「モダリティ」**です。私たちのコミュニケーションは、「言いたいことを伝える（命題）」と「それをどう伝えるのか（モダリティ）」の2つの要素が合わさって成り立っています。

例えば「山田さんが大学に来たかもしれないね」という日本語の文を考えてみます。**「山田さんが大学に来た」という部分は、「言いたいことを伝える」を表す命題**になります。そして、**「かもしれないね」の部分は、「それをどう伝えるのか」に関係するモダリティ**になります。こちらは、話し手の判断・感じ方を表す部分です。

命題とモダリティ（日本語の文）

文 ＝ 命題 ＋ モダリティ

命題：What is said
モダリティ：How it is said

山田さんが大学に来たかもしれないね。

英語の文も同様に、命題とモダリティに分けられます。「Could you come to my office, please?」の**「You come to my office（あなたは私のオフィスに来る）」という部分が命題**です。そして、その情報をどう伝えるかを調整している**「Could」や「please」がモダリティ**になります。

命題とモダリティ（英語の文）

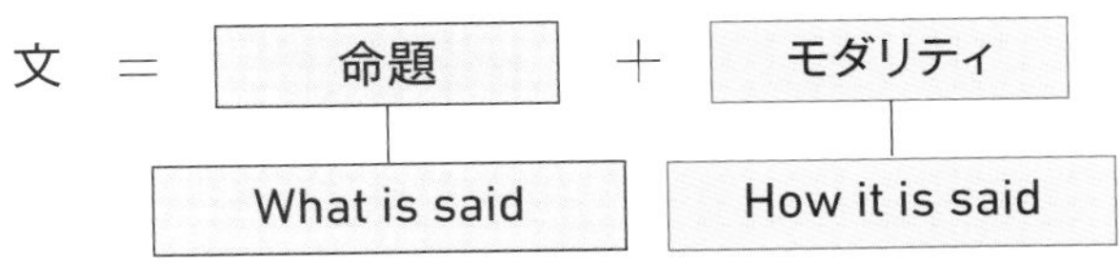

Could you come to my office, please?

このことは、「翻訳品質」の、正確性と流暢性に対応します。**命題はおもに正確性、つまりどれだけ正確に言いたいことを伝えられるか、という観点に関わります。モダリティは、おもに流暢性、**

つまり言いたいことを、どう伝えるか、もしくは、それをネイティブらしく自然に伝えられるか、という観点に関わります。流暢性とは、端的に言えば「言い方」です。これについて、例文を使ってもう少し詳しく解説します。

［例文］
1) 山田さんが会社に来た。
2) 山田氏が来社した。
3) 山田部長が、弊社を訪問された。

この3つの文は、「命題（何が言いたいのかに対応する情報）」は、おおむね同じです。「モダリティ（言い方、流暢性）」だけが変化していると考えることができます。1)の文は、最も標準的な当たり障りのない言い方ですが、2)と3)の文はビジネスの状況に合わせたやや丁寧な言い方・表現方法と言えます。つまり、**3つの文で変化をしているのは、モダリティだけです。**

モダリティ＝言い方・流暢性

1) 山田さんが会社に来た。
2) 山田氏が来社した。
3) 山田部長が、弊社を訪問された。

↓

変化しているのはこちらだけ

文 ＝ 命題 ＋ モダリティ

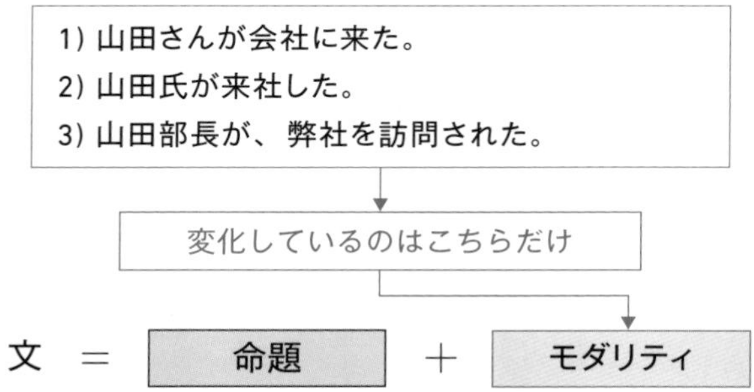

モダリティが関係する流暢性、すなわち「言い方」は、場面・話し相手・話題の重要性などに応じて変化します。TPOに合わせて、どれだけ自然な表現・言い回しができるか、ということです。取引先の部長が来社したことを上司に報告する際に、

△山田さんが来たよ。

というと、カジュアル過ぎて不適切かもしれません。ビジネスの場面であれば、

○山田部長が到着されました。

と無難な言い方にしておいたほうが良いでしょう。

こうしてみると、私たちのコミュニケーションで本質的に重要なのは、言いたいこと（命題）ではあるのは自明ですが、実際には、状況に適したモダリティで伝えられるかという部分も重要な役割を果たしていることがわかります。特に、**英語でのコミュニケーションの場合、多くの方々は、私自身も含めて、「英語で適切に表現する能力が足りない」という問題に直面しているのではないでしょうか。**つまり、流暢な言い方が思いつかないという問題です。

しかし、先ほど見たように、現代の機械翻訳や大規模言語モデルは、非常に流暢な英語を生成してくれます。ですから、**モダリティや流暢さについては、AIの力を借りてみる価値があるということを提案するわけです。**そして、英語で「言いたいこと」を「適切な言い方で伝える」ために、適切なプロンプトを出し、そして

確認できるようになるのが、本書の趣旨です。行き着くところ、**日本語にしても英語にしても、言葉というものは命題とモダリティで成り立っているので、私たちがすべきことはこれら2つの最適化なのです。**

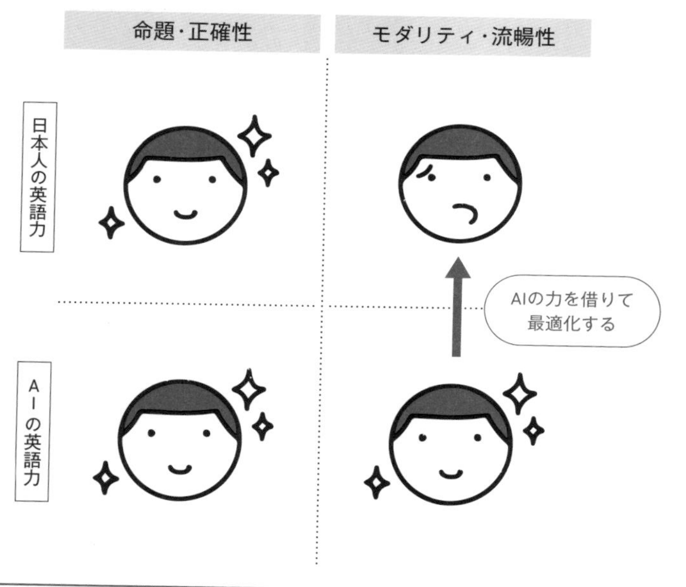

以上の観点から、それでは「モダリティ」というメタ言語を使って、次に示す3つの日本語をChatGPTに翻訳してもらいましょう。再度強調しますが、**メタ言語を理解することによって、私たちは言葉への気づきが高まり、ChatGPTに対してより適切な指示を出せるようになる、ということです。**そうすることで、詳細な説明をChatGPTから得ることができます。これが英語生成のため

のプロンプトエンジニアリングです。

プロンプト（ChatGPTへの指示）

次の3つの日本語を英語に訳してください。モダリティを考慮して訳し分けてください。

山田さんが会社に来たぜ。
山田さんが会社に来たのかよ。
山田部長が、弊社を訪問した。

ChatGPTの回答

山田さんが会社に来たぜ。
Modality: カジュアル (Casual)
Translation: Yamada-san came to the company.

山田さんが会社に来たのかよ。
Modality: 不確かさ (Uncertainty)
Translation: Did Yamada-san come to the company?

山田部長が、弊社を訪問した。
Modality: フォーマル (Formal)
Translation: Manager Yamada visited our company.

役職＋名前で人を示すのは英語としては不自然な表現。フルネームでMasaru Yamada, the manager, などとするのが適切です

（ChatGPT, 2023年5月）

この回答に続けて、さらに質問してみました。

プロンプト（ChatGPTへの指示）

上の3つの文をモダリティの観点から違いを説明してください。

ChatGPTの回答

モダリティは、発話者が伝えたい情報に対する確度や感情のニュアンスを示す言語的特徴です。以下に、上記の3つの文のモダリティについての説明を示します。

山田さんが会社に来たぜ。
モダリティ：カジュアル (Casual)
この文は、会話の中で友達同士や仲の良い同僚など、カジュアルな関係にある相手に対して使われます。発話者は、山田さんが会社に来たことを確信しているため、特に疑問や不確かさを示しません。

山田さんが会社に来たのかよ。
モダリティ：不確かさ (Uncertainty)
この文は、発話者が山田さんが会社に来たかどうかを確信していないときに使われます。発話者は、状況が分からず疑問を持っているため、疑問符を使って確認を促しています。

この説明は、適切でないかもしれません。文脈によっては「あきれた気持ち、怒り」などのニュアンスを示しますが、その説明がされていません

山田部長が、弊社を訪問した。
モダリティ：フォーマル (Formal)
この文は、ビジネスや公式な文書などで使われるフォーマ

ルな表現です。発話者は、山田部長が訪問したことを確信しており、確固とした事実として伝えます。このような場面では、ニュアンスを抑えたフォーマルな表現が使われることが一般的です。

(ChatGPT, 2023年5月)

AIに頼ること、人が時間を費やすこと

見てきたように、機械翻訳や大規模言語モデルの英語のモダリティの精度の高さと、メタ言語を用いたその的確な説明について理解できたでしょう。命題とモダリティの考え方は、翻訳品質でいうところの正確性と流暢性に対応しているということも、先ほど述べた通りです。

またChapter 1では、機械翻訳の実力が非常に向上したという話もしましたが、**機械翻訳の実力と、高いTOEICスコアを持つビジネスパーソンとの差は、正確性よりも流暢性の方にある**ということも説明しました。

命題・モダリティと正確性・流暢性は対応している

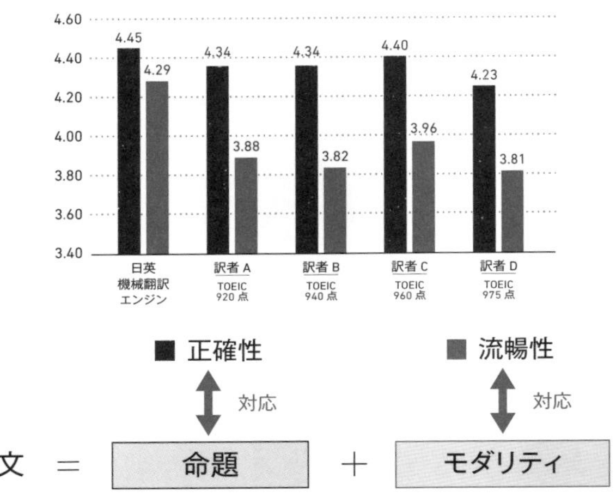

つまり、機械翻訳の流暢性は高く、ネイティブのような表現ができるので、私たちはその恩恵を大いに受けることができます。**流暢な英語にしてもらうためにAIを大活用できるというわけです。**しかし、すでに述べたように、機械翻訳の正確性エラー（命題エラー）はゼロではありません。最大で10%くらいのエラー率です。

となると、**機械翻訳や大規模言語モデルの翻訳結果を確認する際は、正確性エラーがないかどうかに私たちの時間と努力を費やしたほうが得策かもしれないということでしょう。**逆に、機械翻訳や大規模言語モデルの出力した英語の流暢性を修正しようとしても、私たちの英語力では及びません。

いずれにしても、正確性と流暢性の言語的側面を意識し、それらをコントロールしたり確認しながら、大規模言語モデルにプロンプトで出せるようになることが最も重要だということです。大事なポイントなので、繰り返しますが、**英語力より、言葉の問題に気づける能力**（メタ言語能力）**のほうが大事だということです。**冒頭の例でいえば、canとcouldの違いを知っていることよりも、その違いについて大規模言語モデルに質問できることのほうが大事である、と換言してもよいでしょう。

上で見たように、言葉は概して、「命題」と「モダリティ」の2つの側面に分類できて、それぞれが「正確性」と「流暢性」に対応していることを説明しました。本セクションでは、ここから一歩踏み込んで、これまでの機械翻訳が乗り越えることのできなかった**「正確性エラー」と「流暢性エラー」の問題が、大規模言語モデルでは解決したこと、もしくは大規模言語モデルへのプロンプトにより解決できる、または解決の方法を得られるようになったことを説明します。**

これまでの機械翻訳による正確性エラーの原因の多くは、原文である日本語が曖昧であったり、上手に書かれていなかったりすることに起因していました。つまり**日本語を正しく、曖昧さを解消した形で書いてあげることで**（前編集、プリエディットという）、**機械翻訳される訳文**（英語）**の品質が向上することが期待できました。**

この考え方は、大規模言語モデルを活用する場合も有効です。すなわち、適切な日本語にしておけば、翻訳されて生成される英語に含まれる正確性エラーの確率が低くなるということです。そのためには、**私たちが、まずは日本語のどこに問題があるのか、**

もしくは、それによってどのような英語の問題が生じるのかを把握して、それに応じて事前にプリエディットをしておかなければなりません。

しかしながら、その問題を同定し修正する、つまり**機械翻訳を使いこなすためには、それなりの英語力**（と日本語力）**が必要であるというジレンマがあった**わけです。ですが、大規模言語モデルを使うと、そのジレンマが解消されます。少なくともその問題に気づいて、**大規模言語モデルに質問さえできれば、回答を得られ問題を解決できる可能性が高くなった**のです。

流暢性の問題も、同様に、その場にあった（TPOにあった）言い方であるのかを質問してみる、ないしそれを事前に設定しておきプロンプトを出すことで、問題解決できるようになりました。詳細はChapter 3で述べますが、例えば、「この英語のメールの読者は会社の役員です」と指示を出して、英語に翻訳してもらえば、それに適したフォーマルな英語を生成してくれます。ですので、プロンプトを出せるということが非常に重要になります。

次の項では、正確性と流暢性において、これまでの機械翻訳が苦手としていた問題について、詳細なレベルで見ていきます。

- 言葉は、「命題」と「モダリティ」で構成される。
- AIは日本人よりも、モダリティに関連する英語力が高いため、流暢な英語にするためにAIを活用するべきである。
- 命題に関連する英語力でAIと日本人の間に大きな差異はないので、正確性エラーの確認や未然に防ぐプリエディットに人は時間を費やすべきである。

Section 02

正確性エラーを解消しよう

AIが引き起こす誤訳の原因を知れば、原文の事前編集（プリエディット）を適切に行うことができます。また、ChatGPTへ適切な問いかけをするためのメタ言語としても機能します。ここで押さえておきましょう。

原因を理解して正確性エラーを防ぐ

英語への翻訳に正確性エラーを生じさせる原因となる日本語の問題を、以下のポイントで見ていきます。

正確性のエラーの原因

文法（統語）に関わる項目	・係り受け ・うなぎ文 ・照応
意味に関わる項目	・曖昧な語句 ・文化依存の表現 ・日本語的な表現

それでは、具体例とその対処法について1つ1つ見ていきましょう。

エラーの原因❶

係り受け

まずは文法（統語）に関わることについての例を見ていきましょう。原文である日本語に統語の問題（曖昧性）があるために、機械翻訳が出す英語に正確性エラーが生じるという例です。

1つ目は「係り受け」の問題を見ます。

［日本語］
かわいいハンバーガーを食べる少女に決定した。

例えば、こんなポスターを作ることにした、なんて話はビジネスにおいても、あることでしょう。しかし、この日本語を従来の機械翻訳にかけたら下のような英語になりました。

［日本語］
かわいいハンバーガーを食べる少女に決定した。

［機械翻訳の英訳］
I decided on a girl eating a cute hamburger.

（DeepL, 2023年5月）

これは、係り受けの問題と言われるものです。**「かわいい」が係る先が、原文となる日本語で曖昧なために、機械翻訳の英語で正確性エラーが生じてしまったのです。**

常識的な意味を加味して日本語を解釈すれば、「かわいい」は普通は「少女」に係り、「ハンバーガー」を形容しているのではないと、私たちは思うでしょう。しかし機械翻訳はこれを勘違いして、

「cute hamburger（[かわいいハンバーガー] を食べる少女）」と訳してしまっています。つまり、この正確性エラーは、原文である日本語の「かわいい」の係り受けに起因して生じているのです。

これを解消するためには、これまでは、この問題に感づいた人だけが日本語のプリエディットを行っていました。みなさんなら、どのように修正しますか？考えてみてください。ヒントは、「かわいい」の場所を移動することです。

「係り受け」のプリエディット

かわいいハンバーガーを食べる少女に決定した。

係る先の近くに移動

ハンバーガーを食べるかわいい少女に決定した。

つまり、**「かわいい」を「少女」にかけたいのであれば、それを係る先の近くに移動してあげればよい、つまり日本語をプリエディットしておく**ということです。こうすることで、機械翻訳の訳出が変わります。

[プリエディットした日本語]
ハンバーガーを食べるかわいい少女に決定した。

[機械翻訳の英訳]
She was decided to be a cute girl who eats hamburgers.

（DeepL, 2023年5月）

しかし、そもそも英語が分からなければ、係り受けの問題があるのかさえも分からない、という問題があるでしょう。この確認方法のプロンプトは次章で紹介します。が、まずここで、係り受けという概念（メタ言語）を理解した私たちは、この問題についてChatGPTに質問してみることができるでしょう。それも、問題を解決する1つのプロンプトになります。この問題を、ChatGPTに聞いてみました。

プロンプト（ChatGPTへの指示）

次の文の違いをかかり受けの観点から説明してください。
かわいいハンバーガーを食べる少女に決定した。
ハンバーガーを食べるかわいい少女に決定した。

ChatGPTの回答

この2つの文の違いは、修飾語の位置にあります。1つ目の文「かわいいハンバーガーを食べる少女に決定した」では、「かわいいハンバーガー」という修飾語が先に来て、その後に「食べる少女」という被修飾語が続きます。つまり、少女がかわいいハンバーガーを食べるということに焦点が置かれています。

2つ目の文「ハンバーガーを食べるかわいい少女に決定した」では、「食べるかわいい少女」という被修飾語が先に来て、その後に「ハンバーガー」という修飾語が続きます。つまり、少女がハンバーガーを食べることに焦点が置かれています。

このように、修飾語の位置が異なることで、文の意味やニュアンスが変わる場合があります。文脈に応じて、修飾語の位置を適切に使い分けることが大切です。

(ChatGPT, 2023年5月)

この回答に続けて、さらに指示してみました。

プロンプト(ChatGPTへの指示)

係り受けの違いを踏まえて、上の2つの文を英語に翻訳してください。

ChatGPTの回答

"かわいいハンバーガーを食べる少女に決定した。"
→ "It was decided that a girl who eats a cute hamburger."

"ハンバーガーを食べるかわいい少女に決定した。"
→ "It was decided that a cute girl who eats a hamburger."

(ChatGPT, 2023年5月)

これで、問題の詳細を理解し、解決することができました。そこに問題があるのかどうかをChatGPTに聞いてみることさえできれば、問題が解決できるのです。

もう1つ、似た例をみます

［日本語］
1) 社長は全身全霊で仕事をする社員をサポートした。
2) 社長は仕事をする社員を全身全霊でサポートした。

この例では、1) の「全身全霊」の係る先が「社長」なのか、「社員」なのか曖昧です。

［日本語］
1) 社長は全身全霊で仕事をする社員をサポートした。
2) 社長は仕事をする社員を全身全霊でサポートした。

［機械翻訳の英訳］
1) The president supported the employees who worked with all their might.
2) The president supported the employees who worked with all their might.

（DeepL, 2023年3月）

上の日本語の1) と2) を機械翻訳で英訳した結果が下ですが、原文の係り受けの違いを考慮した翻訳になっていません。実際には、2つの英文は全く同じになってしまっています。このように、**係り受けというメタ言語を理解すると、私たちの側にも、曖昧さへの気付きが促されることになります。**ということで、これもChatGPTに説明をしてもらい、英語の問題も解決してもらいましょう。

プロンプト（ChatGPTへの指示）

次の2つの文のある単語の係り受けの違いを説明し、その違いに基づいて文全体の意味の違いも教えてください。

1) 社長は全身全霊で仕事をする社員をサポートした。

2) 社長は仕事をする社員を全身全霊でサポートした。

ChatGPTの回答

両方の文では、社長が仕事をする社員をサポートしていますが、フレーズ「全身全霊」の係り受けの違いによって、文全体の意味に違いが生じています。

1) 社長は全身全霊で仕事をする社員をサポートした。
この文では、「全身全霊で仕事をする」が社員にかかっており、社長は全身全霊で働く社員をサポートしていることを意味します。

2) 社長は仕事をする社員を全身全霊でサポートした。
この文では、「全身全霊でサポートする」が社長にかかっており、社長が仕事をする社員を全身全霊でサポートしていることを意味します。

要するに、1つ目の文では全身全霊で働く社員がサポートされていることが強調されており、2つ目の文では社長が全身全霊で社員をサポートすることが強調されています。

(ChatGPT, 2023年3月)

ChatGPTの説明が本当に正しいのかどうかを疑ってみる必要があるかもしれませんが、上の例に限って言えば、ほぼ間違いのない説明がなされています。そして、英文を出力してもらうために、追加で以下のプロンプトを入力しました。

プロンプト（ChatGPTへの指示）

では、その違いを踏まえて1)と2)を英語に翻訳してください。

ChatGPTの回答

1) 社長は全身全霊で仕事をする社員をサポートした。

The president supported employees who worked with their whole heart and soul.

2) 社長は仕事をする社員を全身全霊でサポートした。

The president wholeheartedly supported employees who worked.

（ChatGPT, 2023年3月）

このように、まず、私たちの書く日本語には係り受けの観点から曖昧性が生じる可能性があるということに気づくことが大切です。そして、係り受けというメタ言語的を駆使して、今後は、ChatGPTへのプロンプトから説明が得られ、それに起因する正確性エラーの問題も解決できる可能性が広がったことは、素晴らしいことではないでしょうか。

エラーの原因❷

うなぎ文

もう1つ、文法の例を取り上げます。いわゆる「うなぎ文」というものです。**日本語の「～は～です」という文を、私たちは頻繁に使いますが、これは英語に翻訳することを考えると、非常に曖昧な表現でもあるのです。**

[日本語]
私はうなぎです。

レストランで、注文をする時に、このように言うことがあるでしょう。これまでの機械翻訳では、次のように訳されることがありました。

[日本語]
私はうなぎです。

[機械翻訳の英訳]
I am an eel.

(DeepL, 2023年5月)

この場合、これまでは、プリエディットを行うことで正確性エラーの問題を事前に回避しようとしてきました。

具体的には、「です」の部分に当てはまる「動詞」を考えてみて、明示的にそれを示すという方法です。動詞を考えるとは、どのような行動、アクションをとるのかを考えるということです。

この例の場合は、「食べる」とか「もらいます」ということになるので、以下のようにプリエディットをします。

「うなぎ文」のプリエディット

私はうなぎです。

「です」に当てはまる具体的な動作に置き換える

私はうなぎをもらいます。

すると、機械翻訳は下のように訳してくれます。

[日本語]

私はうなぎをもらいます。

[機械翻訳の英訳]

I will get the eel.

(DeepL, 2023年5月)

この問題を解決するもう1つの方法に、文脈を加えるというのがあります。**最近の機械翻訳では、一文を短くするより、一文中の単語の数をある程度多くしてあげることにより、より正確に翻訳されることがあります。**

［日本語］
1) 部長は牛丼になります。
2) 明日のお弁当の件ですが、部長は牛丼になります。
3) 明日のお弁当の件ですが、部長はうなぎになります。

［機械翻訳の英訳］
1) The director will be a beef bowl.
2) Regarding tomorrow's lunch box, the director will have a beef bowl.
3) Regarding tomorrow's lunch, the director will be an eel.

（DeepL, 2023年5月）

この例では、1)の「部長は牛丼になります」が、「The director will be a beef bowl」というように部長が牛丼になってしまうわけですが、2)の文のように「明日のお弁当の件ですが、部長は牛丼になります」ともう少し、**文脈情報を増やしてあげることで、機械翻訳の訳が正しくなります。**

○ 2) Regarding tomorrow's lunch box, the director will have a beef bowl.

ただし、**構文の形が同じだからといって、いつも、同じ訳になるかというと、そうとも限らないのが、機械翻訳の癖でもあります。**3)の訳は、牛丼をうなぎに置き換えただけなのにもかかわらず、また正確性エラーが生じてしまいました。このように、これまでの機械翻訳のパフォーマンスにはムラがありましたが、大規模言語モデルではだいぶ解消されたようです。

次の例をみて見ましょう。

[原文]

部長はお昼の会議に出席することになっています。お弁当については、部長はうなぎになります。ご対応のほど、よろしくお願いします。

[Google翻訳の英訳]

The director is going to attend the lunch meeting. As for the bento, the manager will be an eel. Thank you very much for your support.

[DeepL翻訳の英訳]

The department head will attend the noon meeting. Regarding the lunches, the department heads will be eels. Thank you in advance for your correspondence.

[Chat GPTの英訳]

The department head is scheduled to attend the lunch meeting. As for the boxed lunch, the director prefers eel. Thank you for your attention to this matter.

(Google翻訳, DeepL翻訳, ChatGPT, 2023年5月)

エラーの原因❸

照応

文と文（センテンスとセンテンス）がつながると、テクストになります。それが、文章、ないし文脈をつくっていきます。文と文をつなげる言語的装置（結束装置）には、さまざまありますが、その1つに、照応があります。**「これ、それ、あれ、とか、彼、彼女、彼自身、彼女自身」のような言葉です。代名詞のようなものです。**

ある文に、「それ」という表現があれば、私たちは、「それ」が何を示すのかを、分かっている前提で話が進みます。ただ**日本語の場合は照応を省略することがよくあるので、これまでの機械翻訳は、「それ」が誰なのか、何なのかを間違って翻訳してしまうことが多々ありました。**

次の例を見てみましょう。英語から日本語への翻訳です。[*9]

［例］
There is a boy climbing that tree. The child will fall if he doesn't take care.

田辺・光藤（2008）の例文

この英文の下線部分「a boy」「the child」「he」は皆同一人物です。これを日本語に翻訳する時に、下のようにしてしまうと下線部の人物が同じ人のように読めなくなり、誤訳に近くなってしまいます。

[誤った和訳例]
その木に登る少年がいます。彼は気をつけなければ、その子供は落ちてしまうでしょう。

これは、別の観点からいうと、1つ目と2つ目の文がつながっていない（結束していない）ように読めてしまうということです。日本語の場合は「照応」を省略します。

[正しい和訳例]
その木に登る少年がいます。気をつけなければ、落ちてしまうでしょう。

この文のほうが、日本語としてはより自然です。**「照応」を省略しても日本語の読みとして曖昧になる可能性は少なく、省略されることにより、文と文の結束性が高まります。**

しかしながら、このような日本語という言語の特徴のために、逆に**日本語から英語に翻訳をする場合は「照応」が曖昧になり、機械翻訳が間違った代名詞を入れてしまうことがあります。**

具体例を見ましょう。

[原文（日本語）]
御社に弊社の田中がカバンを置いてきてしまいました。今度弊社に来る時に持ってきてくださると喜ぶと思います。

[従来の機械翻訳（Google翻訳）]
Tanaka of our company left his bag at your company. I would be happy if you could bring it with you next time you come to our company.

（Google翻訳，2023年5月）

繰り返しになりますが、**最近の機械翻訳では文と文のつながりも考慮している**ので、以前より照応を間違えて翻訳してしまうケースは少なくなっています。ですので、**過剰に日本語の主語や目的語などを追記するプリエディットが必要であるとは言えません。**

しかし、上でみたように、間違える場合もあることは留意しておいてください。それと同時に、日本語では照応を頻繁に省略しているということを意識しておいて、日本語から英語への翻訳結果が正しくなっているのかを、照応に関して確認することは必要です。

ちなみに、Chat GPTは、以下のように翻訳しました。「We would be grateful」も正しい解釈だと思います。

[ChatGPTの機械翻訳]
Our Mr. Tanaka inadvertently left his bag at your company. We would be grateful if you could bring it the next time you visit our company.

（ChatGPT，2023年5月）

エラーの原因❹

曖昧な語句

ここまで、文法（統語）の側面を見てきましたが、以下では「語句やイディオム等に関わること」をみます。

単語や語句に曖昧性がある場合の、翻訳の問題事例です。

［例文］
【日本語】佐藤さんは退職しました。
【英語】Mr. Sato retired.

上の日本語を、機械翻訳で翻訳した英語です。比較してみると、2つの問題があることに気づきます。**1つは「退職」という語が「retire」と訳されていることです。**文脈によっては、この英語の訳は間違っていないのですが、ここでもし「佐藤さん」が「定年退職」をしたわけではなく、単なる転職のために会社を辞めたとすれば「retire」は不適切な英語といえます。

つまり、**「退職」という日本語の意味に曖昧性がありますが、英語の翻訳においては特定の意味が選択されてしまっています。**

また**「佐藤さん」が、実際には、男性でなく女性であったとすると、機械翻訳訳が「Mr. Sato」と断定しているのは間違いです。**機械翻訳の学習にジェンダーバイアスが働いてしまっています。これも、**日本語の敬称「～さん」の曖昧性**（わざと曖昧にしている）**が、不適切な形で翻訳されています。**

これらの点を考慮すると、機械翻訳による訳文には正確性エラーが含まれているので、ポストエディットの余地が残ります。

Chat GPTにおいても、単に「佐藤さんは退職しました」を英語に翻訳してくださいとプロンプトを入力しただけでは、機械翻訳と同じ英訳が出てきてしまいました。そこで、これらの問題を解決すべく、Chat GPTに以下のようにプロンプトをいれると、回答が得られました。

プロンプト（ChatGPTへの指示）

「佐藤さんは退職しました」を英語に翻訳してください。
各語彙の曖昧性を考慮して翻訳し直してください。

ChatGPTの回答

曖昧さを考慮した翻訳を求めているということを理解しましたので、以下のような翻訳になります：

"Sato-san has left their job."

（ChatGPT, 2023年5月）

この場合、「佐藤さん」は男性だけでなく、どんな性別の人物を指す可能性もあります。また、「退職しました」はretirementを意味するかもしれませんが、resignationを意味することもありますので、「left their job」はもっと中立的な解釈かもしれません。しかし、これらの言葉がどの文脈で使われているかが正確な翻訳のためには重要です。

　このようにして、**語彙や表現の「曖昧性」について質問することで、2つの問題を解消できる糸口を得ることができました。**「退職」に対応する英語の代替として「left」は良いでしょう。ジェンダーの問題の回避案として「Sato-san」および「their job」という非常にジェンダーニュートラルな言い方も提案してくれました。

エラーの原因❺

文化依存の表現

日本の文化的な表現は英語に直訳すると通じないことがあります。また、私たちが文化的な表現だと気づきづらいときにも、これまでの機械翻訳が誤訳を起こしていることが多々ありました。例を見てみましょう。

[日本語]
彼とは同じ釜の飯を食べた仲です。

[機械翻訳の英訳]
He and I ate from the same pot.

(DeepL, 2023年5月)

[日本語]
山田さんはもういません。彼とは手を切りました。

[機械翻訳の英訳]
Mr. Yamada is no longer with us. He cut off his hand.

(DeepL, 2023年5月)

まず、上の「ate from the same pot」は、いかにも日本語の直訳で、英語でこのまま通じるのか不明です。また下の「cut off his hand」は、いかにも「彼が手を切り落としてしまった」という明らかな正確性エラーの感じがします。

このように、繰り返しになりますが、**従来の機械翻訳はこの例でみたようなエラーを犯すことがあったので、私たちの側で、通**

じそうで、通じない日本語のことわざや慣用句のような文化依存の表現を予め使わないように、プリエディットしておくことが重要でした。

例えば、前者は「彼とは昔からの友人です」と書き直したり、後者は「彼との契約を解消しました」としておくという解消法でした。

しかし、大規模言語モデルでは、同様のエラーが起きる確率がだいぶ少なくなったようです。上の例をChatGPTに入れると次のように生成されました。

[日本語]
彼とは同じ釜の飯を食べた仲です。

[ChatGPTの英訳]
We've been through thick and thin together.

(ChatGPT, 2023年5月)

[日本語]
山田さんはもういません。彼とは手を切りました。

[ChatGPTの英訳]
Mr. Yamada is no longer with us. We have cut ties with him.

(ChatGPT, 2023年5月)

両者ともに、正しい英語が生成されました。しかし、上の「been through thick and thin together」は少し難しい表現で、これが本当に正しいのか不安なので、ChatGPTに聞いてみました。

プロンプト(ChatGPTへの質問)

been through thick and thin togetherとはどういう意味ですか？

ChatGPTの回答

“Been through thick and thin together ”は英語の慣用表現で、良いことも悪いことも含めて、さまざまな状況を相手と一緒に経験したことを意味します。長い時間をかけて試された深い絆を意味する。親しい友人やパートナー、チームメイトなど、さまざまな困難や経験を共に乗り越えてきた仲間を表す言葉としてよく使われます。

(ChatGPT, 2023年5月)

ということで、この慣用表現が正しいことが確認できました。ちなみに、従来の機械翻訳の訳文の「He and I ate from the same pot」も、本当に英語で通じないのかが不明だったので、これもChatGPTに聞いてみました。

プロンプト(ChatGPTへの質問)

He and I ate from the same pot.　この表現は英語で通じるのでしょうか。

ChatGPTの回答

「He and I ate from the same pot」は英語の慣用句やフレーズではなく、直訳になります。この文の直訳的な意味は理解できますが、つまりあなたとその人が食事を共有した、つまり親しさを示すかもしれません。しかし、この表現は元の日本語のフレーズが暗示するような共有体験や仲間意識の深さを持たないかもしれません。

代わりに、「we've been through thick and thin together」（厚いものも薄いものも一緒に経験した）や「we've shared ups and downs together」（喜びも悲しみも一緒に経験した）のようなフレーズは、英語話者にとって認識しやすく、共有の経験と強い絆の同じ意味を伝えるでしょう。

(ChatGPT, 2023年5月)

このように、ChatGPTを使うことで、これまでの機械翻訳がエラーをしているのかどうかを確認でき、その代替表現も得られることがわかりました。

エラーの原因❻

日本語的な表現

ここまでの内容で、おおむねChatGPTで何を質問すれば良いのかが、分かってきたと思います。続いては、異文化コミュニケーションに関係する事柄です。言語的な話というよりは、日本人的な表現の作法の違いにより、厳密には英語の正確性エラーはないのだけれども、こちらの意図することが相手に思うように伝わらないかもしれないケースです。

[日本語]
そのご提案は少し難しいかもしれません。
[機械翻訳の英訳]
That suggestion may be a little difficult.

(DeepL, 2023年5月)

となっていますが、英語のニュアンスとして、提案を「断っている」ことが、はっきりと伝わらない可能性があります。同様に、

[日本語]
善処するつもりです。
[機械翻訳の英訳]
I will take good care of it.

(DeepL, 2023年5月)

これも、具体的に何をしてくれるのか、読み手には伝わらない可能性があるというわけで、これまでは、暗示的な表現を使わず、明示的・具体的な表現にすること、ということでプリエディット

やポストエディットで対応してきました。

文化的な違いに関わるので、相手側の文化を一枚岩的に単純化したくはありませんが、1つの解決方法としては、一般的に言われているように、日本語で表現する時よりも、英語では、はっきりとした言い方にして、それを機械翻訳にかけてみることです。つまり、「そのご提案は少し難しいかもしれません」ではなく、

日本語的な表現のプリエディットの例❶

そのご提案は少し難しいかもしれません。

↓ はっきりとした言い方にする

残念ですが、今回のご提案はお断りさせていただきます。

と例①のようにはっきり言うのです。そうすることで、機械翻訳の英訳もはっきりします。

[日本語]

残念ですが、今回のご提案はお断りさせていただきます。

[機械翻訳の英訳]

We regret to inform you that we will not be able to accept your proposal.

(DeepL, 2023年5月)

日本語の原文のはっきりしすぎたような言い方に対して、機械翻訳の英語の表現は、適切になっています。

同様に、「善処するつもりです」についても、より具体的に、例えば、

日本語的な表現のプリエディットの例❷

善処するつもりです。

↓ はっきりとした言い方にする

検討をして、明日、回答を差し上げます。

[日本語]
検討をして、明日、回答を差し上げます。

[機械翻訳の英訳]
I will review it and give you an answer tomorrow.

(DeepL, 2023年5月)

例②のようにすれば、より具体的なアクションが英語で伝わりやすくなります。

とはいえ「日本人的な表現が英語で通じづらい」と言われても、それに私たちが気づいたり判断したりするのは、なかなか難しいものです。このような時も、Chat GPTに聞いてみましょう。少し長いですが、以下の質問を投げてみました。Chat GPTが提供してくれた4つの英語表現は、非常に参考になります。

プロンプト（ChatGPTへの質問）

何か提案をされたときに、その提案を断らなければならないという場合を想像してください。日本語では婉曲表現を用いて、英語で直訳をすると以下のような言い方を頻繁にします。

That suggestion may be a little difficult.

このような英語の表現は英語のネイティブ話者に対して、提案を断っているという、こちら側のニュアンスは伝わるのでしょうか。説明してください。もしも、この表現よりも良いものがあれば、代替の英語の表現をいくつか教えてください。

ChatGPTの回答

この表現"That suggestion may be a little difficult"は、英語のネイティブ話者に対して提案を断っているというニュアンスを伝えることができますが、その意図が十分に伝わらないこともあります。婉曲表現は文化や言語によって異なるため、英語のネイティブ話者がこの表現を完全に理解するとは限りません。

以下に、代替の英語表現をいくつかご紹介します。

1. "I appreciate your suggestion, but I'm afraid it might not be feasible at the moment."
（提案に感謝しますが、今のところそれが実現可能かどうか

は難しいと思います）

2. “Thank you for the idea, but we may need to consider other options.”

（アイデアをありがとう。ただ、他の選択肢を検討する必要があるかもしれません）

3. “It's an interesting proposal, but I'm not sure if it's the best approach for our situation.”

（興味深い提案ですが、私たちの状況に最適な方法かどうかは確信が持てません）

4. “I see where you're coming from, but that might not be the most suitable option for us.”

（あなたの意見が理解できますが、それが私たちにとって最も適切な選択肢ではないかもしれません）

これらの表現は、提案を断る際にも礼儀を尊重し、優しさや感謝を伝えることができます。どの表現を使うかは、シチュエーションや相手との関係によって選択してください。

（ChatGPT, 2023年5月）

正確性エラーの原因のまとめ

・機械翻訳で英語に翻訳するとき、原文である日本語（の命題）がはっきりするように、原文をプリエディットするという方法がとられてきました。

・プリエディットは、誤訳の原因となる以下のような観点で行われてきました。

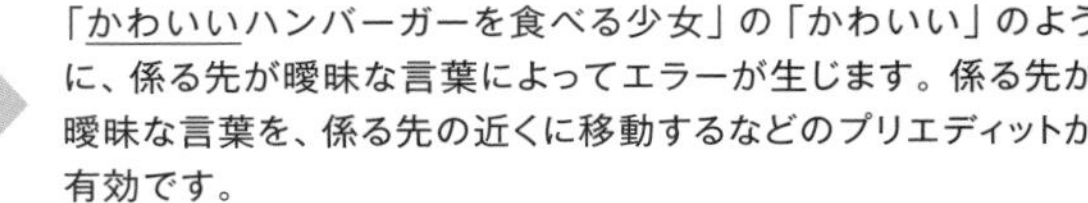

原因① 係り受け	「かわいいハンバーガーを食べる少女」の「かわいい」のように、係る先が曖昧な言葉によってエラーが生じます。係る先が曖昧な言葉を、係る先の近くに移動するなどのプリエディットが有効です。
原因② うなぎ文	「私はうなぎです」など、日本語の「～は～です」という表現の曖昧性でエラーが生じます。「です」に当てはまる具体的な「動詞」で言い換えるなどのプリエディットが有効です。
原因③ 照応	日本語では「これ、それ」という言葉（照応）を省略することが多いことからエラーが生じます。過剰なプリエディットは不要ですが、翻訳結果を注意して確認する必要があります。
原因④ 曖昧な語句	「退職する」（定年退職する、転職のため仕事を辞める）など、意味に曖昧性がある言葉によってエラーが生じます。ChatGPTに曖昧性を問いかけることで、解決の糸口を掴むこともできます。
原因⑤ 文化依存の表現	「同じ釜の飯を食う」、「手を切る」など、日本語の文化的な表現（ことわざ・慣用句）を直訳することによってエラーが生じます。英語で通じる表現に言い換えてを行うプリエディットが有効ですが、大規模言語モデルでは、不要なことが多くなりました。
原因⑥ 日本語的な表現	「そのご提案は少し難しいかもしれません」など文化的な違いによって、真意が伝わらない表現になることで生じるエラーです。具体的なアクションが伝わる表現にプリエディットする方法が有効ですが、適切な伝え方を大規模言語モデルに尋ねると効果的です。

・日本語をプリエディットするという考え方は、大規模言語モデルを活用する場合にも有効です。

・「係り受け」、「照応」といった言葉の側面を表す概念（メタ言語）もまた大規模言語モデルにプロンプトを出すときに有効です。
・どこをプリエディットしたら良いのか、ということ自体（のヒント）を、大規模言語モデルに問いかけて得ることもできます。

Section 03

流暢性を高めよう

目的や相手によって、英語の表現を適切に変えるのは、通常、高度な能力が求められますが、AIを活用することで、これが身近な作業になります。この能力の最大の鍵である、流暢性の知識を深めていきましょう。

流暢性の着眼点

前のセクションでは、従来の機械翻訳が正確性（命題）に関するエラーを犯す原因の一部を見てきました。

私たちが普段、コミュニケーションをするときに重要視するのは「何を伝えたいのか（正確性）」です。ですから、正確性を担保しておくことは最重要課題です。

しかし、流暢性、つまり「それをどう伝えるのか」というのも、実際のコミュニケーションでは、とても重要な役割を果たします。

普段の会話でも、「あの人の**言い方が好きじゃない**！」といった文句を聞いたことがあるでしょう。『伝え方が9割』という本が人気になったことからも推察されるように、**現代社会では、「伝え方」「言い方」**（すなわち「流暢性」）**が、とても重要なのです。**これは、当然ながら英語で伝える時も重要です。以下では、流暢性についての事柄の一部を見ます。

流暢性の着眼点❶

コミュニケーションの目的

そもそも、私たちの「話し方」「伝え方」を決定する要素は何でしょう。かしこまった場では敬語を使い、友人との会話ではカジュアルな口調になるように、私たちはTPOによって言葉遣いを変えます。

これらの要素のことを言語学的には「状況のコンテクスト[*10]」といいますが、**実際には「コミュニケーション（翻訳）の目的」と密接な関係にあります。**

「話し方」を決める要素（状況のコンテクスト）
1. 何について話すか（例：医療、ビジネス）
2. 誰と話すか（例：会社の役員、友達）
3. どんな媒体で話すか（例：メール、SNS）

誰と話すか、例えば、会社の役員と話すときと友達と話すときでは、言葉の丁寧さも変わります。またどんな媒体で話すかに関しても、日常的なメールよりも、紙のビジネスレターであれば、よりフォーマルな文体になるかもしれません。

つまり、**コミュニケーションの目的に沿って、私たちは話し方（モダリティ）を変えます。**これは、日本語の表現にも自然と反映されることですが、それと同時に、コミュニケーションの目的を大規模言語モデルに伝えておくことが大切だということになります。

ビジネスの場のコミュニケーションであると決定し、取引先の部長が来社したことを上司にメールで報告するのであれば、それにあった日本語の文体で書くでしょう。「山田部長が到着されました」というような日本語にしておけば、これまでの機械翻訳や大規模言語モデルは、この言い方に対応した適切な英語に翻訳をしてくれます。

しかし、これとは別に、同じ日本語の原文であっても、ChatGPTを使って英語に翻訳する際には、状況のコンテクストを変化させることで異なる文体の英語を生成してくれます。以下のようにChat GPTにプロンプトを出してみました。

プロンプト（ChatGPTへの質問）

次の日本語を、英語に翻訳してください。ただし、翻訳をする際に以下の二通りのコミュニケーションの目的に沿った形の英訳を提供してください。

1. ビジネスの場で、会社の役員に報告する目的。
2. 親しい友人に会社であったことを伝える目的。

昨日の飲み会に山田部長が突然来たのでビビりましたよ。

ChatGPTの回答

Masaru Yamada, the director, などが適切

1. Business Communication:

I am writing to inform you that Director Yamada unexpectedly attended our gathering yesterday. This unexpected presence took us by surprise.

2. Casual Communication with a close friend:

You wouldn't believe it! Director Yamada suddenly showed up at our drinking party last night! It seriously freaked me out.

(ChatGPT, 2023年5月)

コミュニケーションの目的の設定をプロンプトで変えるだけで、生成された英語がここまで変化します。こんなことは、これまでの機械翻訳にはできないことでした。

このように、**流暢性に関わるモダリティや文体を適切なものにするためには、そのことを大規模言語モデルに明示的に指示することが重要なのです。**これは非常に重要な概念なので、具体的なプロンプト出し方と合わせて、Chapter 3で詳述します。

流暢性の着眼点❷

語用論的意味

さて、コミュニケーションの目的は大切ですが、それとは別に、**日本語は、一人称と二人称の種類や、文末の語尾の種類が豊富で、それらを変化させるだけで、話者の性格や社会的地位、ジェンダー（女ことば等）を暗示できる言語のようです。**

例えば、以下の例の日本語の原文に対する英語の訳文は、正確性においては、指示的な命題情報は伝えていますが、暗示される意味を伝えられていません。

[例]
吾輩は猫である。
△I am a cat.

[例]
東京へ行くざます。
△I am going to Tokyo.

日本語の「吾輩」というニュアンスを、英語は伝えきれているでしょうか。また下の文の「東京へ行くざます」の「I am going to Tokyo」の「ざます」に象徴される、かつてのハイソな女性の言葉遣い（私はお金持ちなんざます的な「意味」・「社会指標性」）を英訳は伝えきれているでしょうか。答えはNOですね。

つまり、これらの例では、**原文の話者の社会的地位とか、威厳さなどの微妙なニュアンスが、単語のチョイス**（私でなく吾輩）**や、モダリティ**（行きます、ではなく行くざます）**によって、暗示されています。**これは**語用論的意味**と言われます。

では、この問題を大規模言語モデルは解決できるのでしょうか。Chat GPTでは以下のようになりました。

プロンプト（ChatGPTへの指示）

以下の日本語を英語に翻訳してください。

1) 吾輩は猫である。

2) 私は東京に行くざます。

ChatGPTの回答

Here are the translations of the Japanese sentences into English:

1) "I am a cat."

2) "I am going to Tokyo."

（ChatGPT, 2023年5月）

まず、普通に「英語に翻訳してください」とだけ指示すると、特に、何も考慮せずに翻訳をしました。機械翻訳の訳と同じような結果になりました。

そこで、以下のように**「語用論的意味を考慮してください」とプロンプトに追加**しました。

プロンプト（ChatGPTへの質問）

以下の日本語を英語に翻訳してください。翻訳する際に、語用論的意味を考慮してください。

1) 吾輩は猫である。

2) 私は東京に行くざます。

ChatGPTの回答

語用論的な意味を考慮して、この文章を次のように訳します：

1) "I am a cat, you see."

2) "I shall be going to Tokyo, indeed."

（ChatGPT, 2023年5月）

少し英訳に変化が見られたので、なぜそのように翻訳をしたのかを尋ねました。

プロンプト（ChatGPTへの質問）

なぜ、そのような英語訳にしたのかを語用論的意味を考慮して説明してください。

ChatGPTの回答

日本語の文章の語用論的意味を考慮して、文の文脈、トーン、フォーマリティを英語訳に反映させました。

1)「吾輩は猫である。」

元の文章では、「吾輩」は自分自身を指す古風でやや尊大な言い方であり、現代の日本語では一般的には使われません。このトーンを英語に反映させるために、「I am a cat, you see」という訳を選びました。「you see」は強調やフォーマリティを加える表現で、元の文のニュアンスを伝えています。

2)「私は東京に行くざます。」

この文章では、「ざます」という丁寧でやや古風な動詞の終わり方が使われています。この終わり方は、文章にフォーマルで古風なトーンを与えています。このニュアンスを英語で表現するために、「I shall be going to Tokyo, indeed」という訳を選びました。「shall」を「will」の代わりに使い、「indeed」を文末に追加することで、元の日本語の文章にあるフォーマリティと古風なトーンを伝えています。

(ChatGPT, 2023年5月)

流暢性の着眼点❸

情報構造

2つの日本語の違いを、英語で表現するときの問題です。まずは例文を見ましょう。この2つの日本語のニュアンスの違いがわかりますか。

[日本語]
1) むかしむかし、あるところにおじいさんがいました。
2) むかしむかし、おじいさんがあるところにいました。

微妙にニュアンスが違います。これは「情報構造」という問題と関係します。テクスト（文と文のつながり）にも関係します（「照応」を参照）。

日本語では、述部、つまり上では「いました」の手前が一番強調されるスロットになります。上の文では「おじいさん」があるので、それが強調されています。「いました（述部）」の手前にあるからです。しかし次の文では、「あるところに」がその位置にあるため、「あるところに」が強調されてしまっています。

これら2つ日本文に対応する英語を考えてみます。**英語の場合は、述部（動詞）の右側に強調される単語がきます。**つまり、be動詞の「was」の右側が強調されるのです。

[適切な英訳の例]
1) Once upon a time, there was an old man.
2) Once upon a time, an old man was there.

日本語のおじいさんが強調されている日本語に対応する英語は上の文です。なぜなら、述部（was[be動詞]）の右側のスロットにan old manがあるからです。これに対して、下の文では、同じ理由で「there」が強調されてしまっています。

いずれにしても、**「命題」は同じなのですが、情報構造**（強調される点）**に違いがあり、これまでの機械翻訳に、この違いは扱えませんでした。**

実際にDeepL翻訳の英訳を見てみましょう。

[日本語]
1) むかしむかし、あるところにおじいさんがいました。
2) むかしむかし、おじいさんがあるところにいました。

[DeepL翻訳の英訳]
1) Once upon a time, there was an old man.
2) Once upon a time, there was an old man.

（DeepL翻訳, 2023年5月）

しかしChat GPTに「情報構造」というメタ言語を使って質問をしたら、この違いを捉えられているようでした。

プロンプト（ChatGPTへの質問）

次の2つの英語の文を情報構造の観点から説明してください。

1) Once upon a time, there was an old man.

2) Once upon a time, an old man was there.

ChatGPTの回答

2つの英語の文は似た情報を伝えていますが、情報構造の観点からは異なります。

1) "Once upon a time, there was an old man."
この文では、古い男性の存在に焦点が当てられています。文は「there was」と始まり、その時に古い男性が存在していたことを強調しています。この表現は物語の登場人物を紹介する際によく使われ、古い男性が物語の中で重要な存在であることを示唆しています。

2) "Once upon a time, an old man was there."
この文では、古い男性が存在していた場所や状況に焦点が当てられています。文は「an old man」と始まり、「there」に強調が置かれています。「there」は特定の場所や状況を指すことができます。この表現は、古い男性がその特定の場所や状況にいたことが重要であり、物語は古い男性を取り巻く状況や出来事について述べる可能性が高いことを示唆しています。

要するに、最初の文は古い男性の存在と物語の中での重要性を強調していますが、2つ目の文は古い男性が特定の場所や状況にいたことに焦点を当てています。

(ChatGPT, 2023年5月)

流暢性の着眼点❹

詩的効果

詩的効果についてです。端的にいうと、韻を踏んだり、ダジャレのようなものです。例えば、

[例]
Intel Inside

これは、頭韻を踏んでいます「**IN**tel **IN**side」ですね。これを日本語で表現するために、昔の広告は以下のようになっていました。

[例]
Intel Inside
インテル、入ってる

頭韻ではなく脚韻（後で韻）を踏んでいます。次の例はどうでしょうか。

[例]
doctor and healer
医者と癒者（松岡佑子訳）

ハリーポッターの中の訳です。「いしゃ」という音を保持して、似ている職業を表現しようとした名訳です。

［例］
as cool as a cucumber
キュウリのようにクール（村上春樹）

同様に、村上春樹の、「k」の原文の音を日本語の「か行」の「きゅ」と「クール」に反映した訳です。

こういうことは、機械翻訳には到底できませんでした。ただ、Chat GPTにはできてしまうようです。試しに以下の日本語を英語に翻訳してもらうことにします。

［例］
河童が掻っ払って酔っ払った（かっぱがかっぱらってよっぱらった）。

河童（kappa）にちなんでkの音で頭韻を踏んでもらうことにします。

プロンプト（ChatGPTへの質問）

次の日本語を英語に翻訳してください。ただし、kの音で頭韻を踏んで英語にしてください。

河童が掻っ払って酔っ払った（かっぱがかっぱらってよっぱらった）。

ChatGPTの回答

Here's a translation with alliteration using the 'k' sound:

The kappa kleptomaniacally kidnapped and got kiboshed (drunk).

（ChatGPT, 2023年5月）

流暢性の着眼点のまとめ

これらを意識し、適切なプロンプトを加えることで、1ランク上の英語の文章をAIから引き出すことが可能になります。

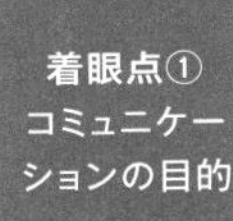

着眼点① コミュニケーションの目的

コミュニケーションの目的によって、私たちの話し方は変わります。その「話し方(伝え方)」を決める要素には次の3つがあります。

1. 何について話すか(例:医療、ビジネス)
2. 誰と話すか(例:会社の役員、友達)
3. どんな媒体で話すか(例:メール、SNS)

AIへの指示に活かすには

3つの要素を明示したプロンプトを作成します。また、日本語の原文を、目的に合わせた文体にすることも有効です。

着眼点② 語用論的意味

日本語は、一人称や二人称、文末の語尾の種類などで、話者の性格や社会的地位、ジェンダーを暗示できる言語です。これらの言葉が示すニュアンスを語用論的意味といいます。

AIへの指示に活かすには

「語用論的意味を考慮して翻訳する」ことを明示してプロンプトを作成することも有効です。

着眼点③ 情報構造

日本語と英語には、強調される単語の位置など、情報構造に違いがあります。

- 日本語:述部の手前が一番強調される
- 英語:述部の右側が強調される

この情報構造を意識すると、文と文のつながりが高まり、流れが良い文章になります。

AIへの指示に活かすには

「情報構造を考慮して翻訳する」ことを明示してプロンプトを作成するのも有効です。

着眼点④ 詩的効果

韻を踏んで詩的効果を高めることで、文を印象的に伝達すること。従来の機械翻訳では、翻訳結果に反映させることはできませんでしたが、大規模言語モデルでは、例えば「頭韻を踏んで」とプロンプトに明示することで、ある程度反映させることが、可能になりました。

Chapter 3

ChatGPTで翻訳する

○○○○○○○○○○○○○○

Chapter 2では、大規模言語モデルにプロンプトを提示したり質問をすることで可能となる機能を断片的に紹介しました。

その主な内容は、従来の機械翻訳では解決できなかった問題が、大規模言語モデルではプロンプトの提示により解決可能となるという点でした。

本章では、実際に英語でコミュニケーションを行うために利用可能なプロンプトを紹介します。コピーして大規模言語モデルに貼り付けるだけで使用できるよう、具体的な例を用意しました。

また、これらの例は、本書で説明してきた通り、言語や翻訳を理解するためのメタ言語を応用したものでもあります。従って、自分でプロンプトを作成してみたいという方は、提供した具体例を参考にして、プロンプトの発展に挑戦してみてください。

○○○○○○○○○○○○○○

Section 01

ChatGPTで翻訳する手順

ChatGPTを活用した翻訳のプロセスについて詳しく解説していきます。まずは、どのようにプロンプトを翻訳の手順に組み込んでいくのか見ていきましょう。

プロンプトには要求事項を細かく書く

Chapter 1の終わりで説明した通り、適切な英語を得るためには、大規模言語モデルを用いて日本語から英語への翻訳を依頼します。その際、「日本語を英語に翻訳してください」というシンプルなプロンプトを大規模言語モデルに投げるだけでも翻訳を行ってくれます。しかし、この方法で得られる翻訳結果は、従来の機械翻訳の結果と大きな差はなく、Chapter 2で見たように機械翻訳の持つ問題を大規模言語モデルも同様に持つ可能性が高いです。

これらの問題を避けるため、また誤訳が生じる確率を低減させるために、**「次の日本語の文を英語に翻訳してください」という基本的なプロンプト以外にも詳細の要求事項を指示することが求められます。**

2段階のプロンプトを用意する

プロンプトは、大きく分けて2種類存在します。これらは「日本語」を素材に「英語」を作り出す「制作プロセス」のステージとして理解すると良いでしょう。

制作プロセスは、（1）前工程（仕様を決定する工程）、（2）制作工程、（3）後工程（制作されたものの品質チェックをする工程）に分けられます。私たちが日本語を英語に翻訳する（制作する）工程は大規模言語モデルが担当しているため、私たちの役割は（1）と（3）の段階でのプロンプトの投入になります。

つまり、これら2種類のプロンプトは、翻訳の仕様を決定するためのものと、翻訳された結果が問題ないかを確認するためのもの、という形に分けることができます。以下では、それぞれの段階で用いられる実際の翻訳現場のメタ言語を参照しながら、それらに基づいてプロンプトを作成します。

翻訳の前と後で2つのプロンプトを用意

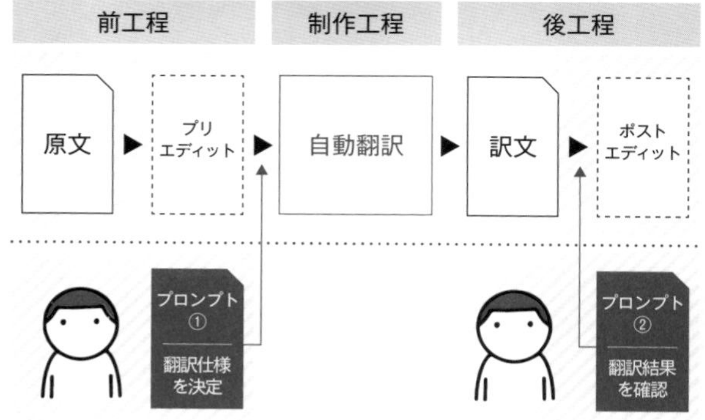

POINT

- 翻訳の仕様を詳細に記述することで、AIが誤訳を起こす確率を減らすことができる。
- ChatGPTを活用した翻訳は、（1）前工程、（2）制作工程、（3）後工程の3つの工程に分けられる。
- 人間の役割は（1）（3）でプロンプトで出すことである。

Section 02

前工程
― 翻訳仕様を決定する ―

ただ翻訳を指示するだけでなく、翻訳の仕様をプロンプトで設定することで、ChatGPTからより良い英訳を引き出すことが可能です。翻訳仕様の設定方法と、具体的なプロンプトの例を見ていきましょう。

翻訳仕様の設定の仕方

まず英語制作プロセスの**「前工程」では、英語への翻訳の仕様を決定するためのプロンプトを作成します。**今、あなたが英語で発信する目的は何か、誰に読んでもらうのか、という要素は非常に大事です。また、人名やブランド名などの特定の用語を誤訳しないように指定しておく必要はないか、特定のレポートや論文などを執筆する場合は、執筆要項やスタイルガイドなどに準拠させるように指定する必要はないか、検討することが求められるでしょう。

ということで、翻訳の仕様では、最低でも以下の項目を指定しておくことが必要です。

前工程で設定すべき翻訳仕様

- 翻訳の目的、対象読者を設定する
- 英語のレベルを設定する
- 用語を指定する

上のように翻訳の仕様をプロンプトで指定して、翻訳してもらいたい原文を大規模言語モデルに出せば、英語が生成されます。

この英語の制作工程は大規模言語モデルが担当するのは上で述べた通りです。この後で、大規模言語モデルが出してきた仕様書通りの英語になっているのか、すなわち英語に誤訳が含まれていないか、目的や対象読者に用語指定通りに訳されているのかを確認する必要もあるでしょう。その項目例は以下のようになります。

後工程で行う
翻訳結果の
確認項目

- 正確性エラーはないか
- 流暢性エラーはないか
- 英語レベルに問題はないか
- 指定用語通りに訳されているか。

以下では実例を交えながら、上の項目をプロンプトにして、英語を生成するプロセスを解説します。

仕様の設定❶

翻訳の目的と対象読者を指定する

コミュニケーションには、ほとんどの場合、目的があります。ですので、日本語を英語に置き換えるだけの翻訳では不十分です。というよりも、「単に置き換える」と言っても、どの単語を選べばよいか、どのような口調にすべきなのか等の選択肢は無限にあるため、目的が定まらないと適切な英語に翻訳するのが難しくなります。つまり、**翻訳の目的をしっかりとプロンプトで指定してあげることで、より適切な英文を生成してくれる可能性が高まります。**

これはChapter 2で説明した流暢性やモダリティを決定する要素である状況のコンテクストを設定することに対応します。**どのようなコミュニケーションのゴールを目指して英語を発信するのか、その目的を明示しておくことは非常に大切です。**

> [翻訳の目的・対象読者を指定したプロンプト例]
> 次の【原文】の日本語の文章を英語に翻訳してください。翻訳するときに以下の条件を満たしてください。
> 翻訳の目的:会社の英語のウェブサイトに掲載します。
> 対象読者:20代の女性。
>
> 【原文】私たちが開発したファンデーションはあなたの自然な美しさを引き立てます。シームレスに肌に溶け込み、まるで素肌そのもののような仕上がりを提供します。

上のようにプロンプトで設定して得られた翻訳は以下の通りになりました。

ChatGPTの回答

 Our specially crafted foundation accentuates your natural beauty. Seamlessly blending into your skin, it provides a finish that feels just like your own, perfect skin.

(ChatGPT, 2023年5月)

ちなみに、同じ原文を某機械翻訳で翻訳した結果は以下の通りでした。

[某機械翻訳の訳]
Our foundation enhances your natural beauty. It blends seamlessly into the skin and provides a finish that looks like bare skin itself.

(2023年5月)

ChatGPTの訳と比較しても、機械翻訳の訳も決して悪くはなく、正確に英語で表現されていると思います。しかし、機械翻訳の訳は、少し直訳調です。化粧品の広告としてウェブサイトに掲載させることを考慮するとChatGPTでプロンプトを与えた英語の翻訳のほうが適切に見えます。

上の英語で目的と対象読者を設定したことにより、英語の雰囲気が変わることを理解しました。しかしながら、正直なところ、英語のレベルが高すぎてよくわからないということもあると思います。その場合は、思い切ってChatGPTにどこがどう違うのかを質問してみましょう。Chapter 2で命題とモダリティという概念を学びましたので、そんな言葉も交えて、次のように質問してみました。

プロンプト（ChatGPTへの質問）

次の2つの英語の文「ChatGPTの訳」と「某機械翻訳の訳」はどう違うのですか？　命題とモダリティの観点から、英語があまり得意でない私にもわかるように説明してください。

ChatGPTの訳：
Our specially crafted foundation accentuates your natural beauty. Seamlessly blending into your skin, it provides a finish that feels just like your own, perfect skin.

某機械翻訳の訳：
Our foundation enhances your natural beauty. It blends seamlessly into the skin and provides a finish that looks like bare skin itself.

ChatGPTの回答

英語の両文を見ると、基本的に同じ意味を伝えていますが、ニュアンスや表現のスタイルにはいくつかの違いがあります。私たちはこれらの違いを命題とモダリティの観点から考察します。

命題（proposition）は、文が表現しようとする主張や情報のことを指します。モダリティ（modality）は、話し手の主張に対する態度や可能性を示すもので、英語では一般的に助動詞（例：can, might, should, etc.）や副詞（例：possibly, definitely, etc.）などで表現されます。

ChatGPTの訳と某機械翻訳の訳を比較すると、以下のように解釈できます：

1. **命題**：両者ともに、基礎（foundation）が自然な美しさを強調し、肌にシームレスにブレンドし、完璧な仕上がりを提供するという主要な命題を含んでいます。しかし、具体的な表現や細部の情報には違いがあります。

- ChatGPTの訳では、foundationが「specially crafted（特別に作られた)」と表現され、その結果として提供する仕上がりは「just like your own, perfect skin（まるで自分の完璧な肌のような)」と強調されています。これはあなたの自然な美しさをより強く強調し、基礎があなたの肌に完全に合うというメッセージを伝えています。

- 某機械翻訳の訳では、これらの詳細や強調は省略されており、情報はよりシンプルに伝えられています。

2. **モダリティ**：モダリティの観点からは、両者ともに事実的な表現を用いており、特定の可能性や確率を示すモダリティは含まれていません。ただし、ChatGPTの訳は具体的な詳細を提供することで、より強い確信度を示していると解釈できます。

英文を比較した結果

従って、これらの違いは主に表現のスタイルと情報の詳細度に関連しています。ChatGPTの訳はより詳細で豊かな表現を使用し、それによって商品の特性や結果についての信頼感を強化しています。一方、某機械翻訳の訳はより直接的で簡潔な表現を採用し、必要最低限の情報を提供しています。どちらのアプローチも有効であり、それぞれが適しているコンテクストや目的があります。

例えば、製品の広告やマーケティング文書では、ChatGPTのような詳細で豊かな表現が商品の魅力を引き立て、消費者の関心を引くことができます。一方、ユーザーマニュアルやテクニカルドキュメンテーションなどの場合には、某機械翻訳のような直接的で簡潔な表現が情報を明確に伝えるのに適しているかもしれません。

(ChatGPT, 2023年3月)

非常に明快かつ詳細な説明です。十分すぎる説明でもありますが、**翻訳の目的と対象読者をプロンプトで設定したことにより、ChatGPTが生成した英語のほうが、ウェブ広告の文としてより適切である**ことが確認できました。

上で見た以外にも、目的と対象読者として、次のような候補が考えられます。

翻訳の目的の例

- 法的手続きに使用します。
- ビジネス会議で使います。
- 学術論文に掲載します。
- ビジネスの同僚に送るメールです。
- 日本語と英語の対応が分かるように完全に直訳にしてください。
- 観光ガイドブックを作成します。
- オンライン教育コースの教材を準備します。
- 医学的な記事を出版します。
- Webサイトを多言語対応にします。
- プレスリリースを外国のメディアに配信します。
- 児童向けのストーリーブックを翻訳します。
- 映画やドラマの字幕を作成します。

対象読者の例

- 会社の上司と役員。
- 仲良しの友人。
- 英語がネイティブではないビジネスパーソン。
- 英語を勉強中の大学生。
- テクノロジーに関心のある一般読者。
- 海外旅行を計画している人々。
- 専門的な知識を学びたいオンライン学習者。
- 医療関係者。
- 外国のビジネスパートナー。
- 外国の報道機関。

- 子どもや若者。
- 外国語の映画やドラマを視聴する視聴者。

プロンプトは具体的であるほど、より適切な翻訳結果が得られます。翻訳の目的と対象読者は、その翻訳がどのように使用され、どのような観点から理解されるべきかを示す重要な要素です。**重要なのは、より「フォーマル」な言い方なのか、「カジュアル」な言い方なのかの度合いを決めること**でもあるので、状況に応じて翻訳の目的の記載の中に「フォーマルなビジネスレターを執筆するため」のように書くのも効果的です。これらを明確にすることで、適切な流暢性を決定する要因となるスタイル、語彙、表現をChatGPTが選択することができます。

実際に使用する際は、目的と対象読者を組み合わせて使用してみてください。また、**プロンプトの形式はテンプレートとして保管しておくとよいでしょう。**ただし、本書で紹介したプロンプト形式は、わかりやすく記載することを優先しているため、必ずしもベストとは限りません。あくまで考え方の骨子と捉えて、自分で色々と試してみてください。

プロンプトのテンプレート

このテンプレートは、読者が日本語から英語へ翻訳をする際の便利なツールです。

翻訳の目的・対象読者を設定するプロンプトのテンプレート

01

次の【原文】の日本語の文章を英語に翻訳してください。

翻訳するときに以下の条件を満たしてください。

翻訳の目的：**❶翻訳の目的を記入する**

対象読者：**❷対象読者を記入する**

【原文】**❸訳したい日本語の原文を記入する**

これは、訳す目的、対象読者、そして原文を明示することで、より適切な翻訳を実現します。**テンプレートの「記入する」という部分は具体的な情報を読者が自分で記入するための箇所です。**それぞれの箇所の詳細は以下の通りです。

❶翻訳の目的

なぜその文を翻訳したいのかを説明する部分です。翻訳の目的は翻訳のスタイルやトーンに影響を与えます。例を参考にできるだけ具体的に書いてください。例えば、「情報共有」ではなく、「ビジネス会議でのプレゼンテーション」のように具体的な目的を記入します。

❷対象読者

この部分は、翻訳が誰に向けられるのかを明示します。読者の属性は、その翻訳がどのように理解され、受け入れられるかに大きな影響を与えます。これも例を参考にできるだけ具体的に書いてください。例えば、「皆さん」ではなく、「英語がネイティブではないビジネスパーソン」といった具体的な対象を指定します。

❸【原文】

ここには翻訳したい日本語の文章を記入します。

[テンプレートに記入した例]

次の【原文】の日本語の文章を英語に翻訳してください。翻訳するときに以下の条件を満たしてください。

翻訳の目的:ビジネス会議で使います。

対象読者:英語がネイティブではないビジネスパーソン。

【原文】私たちは、新たなビジネスパートナーと契約を結ぶ予定です。そのために近々、決定会議を設定したいと思います。その会議では、パートナー会社の候補を3社までに絞り込み、その後、役員会で投票を行うという手続きとします。そのために、本日の打ち合わせでは、まず、どのような業種とのパートナーが可能なのかをブレインストーミングしたいと思います。

ChatGPTの回答

We are planning to sign a contract with a new business partner. To that end, we would like to schedule a decisive meeting shortly. In this meeting, we will narrow down to three the candidate partner companies, and then we will proceed with a vote at the board. Therefore, in today's meeting, we would first like to brainstorm about what types of industries we can partner with.

(ChatGPT, 2023年5月)

仕様の設定❷

英語のレベルを設定する

翻訳の目的と対象読者を設定することで、適切な英語に翻訳できることを説明しました。これは、少し誇張して言えば、同じ日本語の【原文】であっても、異なる目的と対象読者を設定することで、生成される英語が変わるということでもあります。これを再確認するため、繰り返しになりますが、実例を示します。

「昨日の飲み会に山田部長が突然来たのでビビりましたよ」という日本語を、フォーマルな場とカジュアルな場の2種類の伝え方で訳し分けてみたいと思います。Chapter 2で用いた例文を上のテンプレートを使って再掲します。

プロンプト（ChatGPTへの指示）

次の【原文】の日本語の文章を英語に翻訳してください。翻訳するときに以下の条件を満たしてください。それぞれの目的と対象読者にあった翻訳を作ってください。

条件①

翻訳の目的：ビジネスの場で、報告する

対象読者：会社の役員

条件②

翻訳の目的：カジュアルなコミュニケーションで伝える。

対象読者：友人。

【原文】昨日の飲み会に山田部長が突然来たのでビビりましたよ。

ChatGPTの回答

条件①の役員に向けた英訳

 For the business context targeted at company executives:
"During yesterday's social gathering, the unexpected arrival of Division Chief Yamada took us by surprise."

Masaru Yamada, the division chief, などが適切

条件②の友人に向けた英訳

For a casual conversation with friends:
"Man, I got totally freaked out yesterday when Yamada, the division chief, just showed up out of nowhere at the drinking party."

(ChatGPT, 2023年5月)

このようにして、2つの訳を得ることができました。

さて、しかしながら、これだと、やはり英語のレベルが高すぎで、あまり違いが理解できないという場合もあるでしょう。また、格好良い英語になったのはいいけれども、自分の英語力の身の丈にあっていないので、突然、こんな英文でメールを送ったりすると、同僚から怪しまれるのでは、という心配もあるでしょうか。このようなときは、プロンプトで、英語のレベルを下げるように指示してみましょう。次のように続けて指示してみました。

プロンプト(ChatGPTへの指示)

2つの英語を、英語のネイティブ話者でない日本人の中学

校3年生の英語レベルで翻訳し直してください。

ChatGPTの回答

For a non-native English-speaking junior high school student in Japan, the translations could be simplified as follows:

中学英語レベル、かつビジネスに適した表現

For the business context:

"Yamada, our boss, suddenly came to our party yesterday. It surprised us."

中学英語レベル、かつ友人との会話に適した表現

For a casual conversation with friends:

"I got scared when boss Yamada suddenly showed up at our drinking party yesterday."

Yamada, our boss, などが適切

surprisedなどの驚きからはニュアンスが少し離れていて、適切ではないかもしれません

（ChatGPT, 2023年5月）

2つの例が、かなり平易な英語に変わりました。「日本の中学3年生の英語レベル」という具体的な指示を出すことは大切です。ビジネスの場で役員に伝えるための英語として中学3年生レベルでは少し語彙が乏しい気はしますが、ここで言いたいことは、プロンプトを使って、英語のレベルを設定することができるということです。身の丈に合った自分らしい英語で発信ができるのは素晴らしいことです。

英語のレベルを指示する基準として、CEFRやTOEICスコアを用いるのも良いでしょう。例えば、「英語のレベルは、CEFR　B1レ

ベルにしてください」や「TOEIC 550点レベルにしてください」のようにプロンプトに記してください。表2 はCEFR、TOEIC、英検と一般的な日本人の英語力の対応表です。参考にしてみてください。

CEFR Level	TOEIC スコア	英検	一般的な日本人の英語レベル
C2	-	-	翻訳者·通訳者
C1	945-990	1級合格	大学上級
B2	785-940	準1級合格	大学中級
B1	550-780	2級合格	高校卒業
A2	225-545	準2級合格	高校中級
A1	120-220	3級合格	中学卒業
-	-	4級合格	中学中級
-	-	5級合格	中学初級

表2 英語レベルの設定に役立つ指標

仕様の設定❸

用語を指定する

日本語を英語に翻訳するとき、ある言葉がそのまま直訳できるときもありますが、特定の用語やフレーズ、特に固有名詞や専門用語などはそうではありません。これらは文脈や規則に基づいて特別に扱わなければなりません。

その理由の1つは、**それらの語やフレーズが特定の意味や情報を伝えるために独自に設計されているためです。**例えば、「美味しいチェッカー」というアプリがあったとします。このアプリ名は、そのまま英語に直訳すると「Delicious Checker」になるかもしれません。しかし、これはアプリの真の意味や作成者の意図、目的を正確に伝えるとは限りません。

これらの特別な語やフレーズを英語に適切に翻訳するためには、対訳用語集を用意することが有効です。対訳用語集には、これらの語やフレーズの英語版が含まれ、それらは日本語版と同じ意味と情報を伝えるように設計されています。

しかし、ChatGPTは大量のテキストデータから学習するAIモデルであり、具体的な対訳用語集の情報に基づいて翻訳を行う能力はありません。これは、学習データには数え切れないほどの固有名詞や専門用語が存在し、それぞれに適切な翻訳をAIが覚えておくことは現実的ではないためです。そのため、ユーザーは対訳用語集に従って翻訳を調整することが求められます。

以上のような理由から、対訳用語集に合わせて翻訳することが重要なのです。原文の日本語の意味を保ちつつ、文化的な違いや文脈を理解した上で、最も適切な英語表現を選び、それに基づいて翻訳することが求められます。

具体的には、**固有名詞、人の名前、またパソコンやスマホのアプリケーションのメニューなどのUI用語**（ユーザーインターフェース用語）は、決まった言葉に翻訳する必要があります。

ということで、以下では、架空のアプリケーション「美味しいチェッカー」の説明を英語に翻訳する場合を考えてみましょう。「美味しいチェッカー」は機能の名前なので、決められた英語名に翻訳する必要があります。同様に、UI用語の［設定］［センサ］［旨味センサ］も定訳を当てる必要があります。例えば、この場合は、以下のような対訳を当てるとしましょう。「美味しいチェッカー」は「Oishii Checker」、「旨味センサ」は「Umami Sensor」のように英語に日本語っぽさを感じられる英語の名前にしました。

以下の 表3 のように対訳の用語集を用意し、ここにある用語は、用語集の通りに翻訳してもらうプロンプトを考えてみます。

JA（日本語）	EN（英語）
美味しいチェッカー	Oishii Checker
設定	Configuration
センサ	Sensor
旨味センサ	Umami Sensor

表3 用語集の対訳データの例

ちなみに、用語を指定するプロンプト無しで、これまで説明してきた目的と対象読者だけを設定して翻訳しても、上で示した用語集に準拠するような翻訳には（当たり前ですが）なりませんでした。

プロンプト（ChatGPTへの指示）

次の【原文】の日本語の文章を英語に翻訳してください。
翻訳するときに以下の条件を満たしてください。
翻訳の目的：スマートフォンアプリの手順書として掲載します。
対象読者：一般的なスマートフォンのユーザーです。

【原文】「美味しいチェッカー」機能を作動させるためには、[設定]から[センサ]を開いて[旨味センサ]をONにしてください。

ChatGPTの回答

To activate the 'Delicious Checker' ✕ feature, please navigate to [Settings] ✕, open [Sensors] ✕, and switch the [Umami Sensor] ○ to ON.

（ChatGPT, 2023年5月）

述べたとおり、指定した用語が適用された翻訳にはなりませんでした。たまたま[旨味センサ]だけは、用語集で指定した[Umami Sensor]という英語になりましたが、それ以外の用語は適切ではありません。ということで用語集に合わせて翻訳できるプロンプトを次で示します。

プロンプトのテンプレート

まずはテンプレート化されたプロンプトを確認しましょう。

用語を指定するプロンプトのテンプレート

05

【用語集】の中の対訳を正しく使って【原文】を英語に翻訳してください。

【用語集】は、日本語（JA）英語（EN）の対訳の用語集です。カンマ切りのcsv形式になっています。

【用語集】

JA,EN

用語1（日本語）,用語1（英語）

用語2（日本語）,用語2（英語）

・・・

【原文】**訳したい日本語の原文を記入する**

今回はこのテンプレートを翻訳の目的・対象読者を設定するテンプレートと組み合わせて使用してみます。

プロンプト（ChatGPTへの指示）

次の【原文】の日本語の文章を英語に翻訳してください。翻訳するときに以下の条件を満たしてください。

翻訳の目的は、スマートフォンアプリの手順書として掲載することです。
対象読者は、一般的なスマートフォンのユーザーです。

【用語集】の中の対訳を正しく使って【原文】を英語に翻訳してください。

【用語集】は、日本語（JA）英語（EN）の対訳の用語集です。カンマ切りのcsv形式になっています。

【用語集】

JA,EN

（日本語）/,（カンマ）/（英語）で入力

美味しいチェッカー,Oishii Checker

設定,Configuration

センサ,Sensor

旨味センサ,Umami Sensor

【原文】「美味しいチェッカー」機能を作動させるためには、[設定]から[センサ]を開いて[旨味センサ]をONにしてください。

ChatGPTの回答

To activate the "Oishii Checker" function, please turn on the "Umami Sensor" by opening the "Sensor" from the "Configuration".

（ChatGPT, 2023年5月）

少し翻訳の英語の構文が変わりましたが、用語については、すべて指定した用語が反映されました。

対訳の用語集を反映させるためのテンプレートは、上で使ってきた翻訳の目的と対象読者を設定したものに【用語集】に合わせる条件を加えています。条件の中に対訳をカンマ区切りのcsv形式で提供しています。このようなファイル形式の指定をしなくても大丈夫だと思いますが、翻訳の仕事をされている方は既存の対訳集をスプレッド形式で持っていると想定し、csvでコピー&ペーストできると利便性が向上すると考えた次第です。他の指示の仕方でも大丈夫だと思いますので、試してみてください。

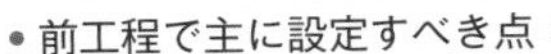

- 前工程で主に設定すべき点：
  ①翻訳の目的、対象読者を設定する
  ②英語のレベルを設定する
  ③用語を指定する
- 目的ごとに、テンプレートを用意することで、効率的にプロンプト作成ができるようになる。

Section 03

後工程
― 翻訳結果を確認する ―

翻訳結果の確認を行うプロンプトの作成方法を見ていきます。従来、人が行っていた正確性エラーの確認に加え、高い英語力が必要とされていた流暢性の確認も、メタ言語によって、手が届く作業になります。

翻訳結果を確認するプロンプトの作り方

前のSectionで説明した内容は、英語の翻訳制作プロセスの「前工程」についてでした。つまり、翻訳する際の目的や対象読者、英語のレベルやフォーマリティ、用語の指定など、初めに設定すべき重要な要素について説明しました。これらは、翻訳する前の準備工程であり、ここでの設定によって、その後の翻訳結果が大きく左右されます。

このSectionで述べるのは、「後工程」についてです。つまり、**生成された英語が設定した仕様書通りになっているかを確認するプロセスです。**正確性や流暢性、用語の使用について検証し、必要な修正や調整をする工程です。

前工程で設定した要素によって、英語の翻訳がどのように影響を受けるかを見てきましたので、次に、それが適切に反映されているかを確認する「後工程」について、詳しく見ていきましょう。

確認項目❶

正確性エラーはないか

それでは、先ほど後工程の一部として触れた「正確性エラーはないか」について、詳しく説明しましょう。

正確性エラーとは、具体的には「言いたいこと」が適切に伝わっているか、つまり**訳文が原文の意味を忠実に表現しているかを確認するためのものです。**これは翻訳における非常に重要な要素であり、ここに問題があると、全体の翻訳品質が大きく低下します。

例えば、原文に書かれている内容が訳文にすべて含まれているか、すなわち訳抜けがないかをチェックします。逆に、原文にない内容が訳文に追加されていないか、つまり余分な追加がないかも重要です。これらのチェックは、原文の日本語と訳文を丁寧に見比べることで可能となります。

「正確性エラーはないか」を確認するプロンプトは、翻訳が原文の意図をしっかりと捉え、それを忠実に伝えることができているかを評価するためのものです。このプロンプトを利用することで、高品質な翻訳の作成をサポートします。

プロンプトのテンプレート

まずはテンプレートを見てみましょう。

正確性エラーを確認するプロンプトのテンプレート

06

あなたはプロの翻訳のチェッカーです。下の【原文】の日本語と【訳文】の英語を比べて、【原文】の命題が【訳文】で失われるような正確性エラーがないかを確認してください。もしも正確性エラーが疑われる箇所がある場合は、その部分を抜き出して説明をしてください。最後にそれらのエラーを訂正した正しい訳文をください。

【原文】**日本語の原文を記入する**
【訳文】**チェックしたい英訳を記入する**

プロンプトは非常にシンプルです。以下のように指示を出して、【原文】と【訳文】の正確性エラーを検証してもらいましょう。

プロンプト（ChatGPTへの指示）

あなたはプロの翻訳のチェッカーです。下の【原文】の日本語と【訳文】の英語を比べて、【原文】の命題が【訳文】で失われるような正確性エラーがないかを確認してください。もしも正確性エラーが疑われる箇所がある場合は、その部分を抜き出して説明をしてください。最後にそれらのエラーを訂正した正しい訳文をください。

「あなたは～です」と役割を指定することは、より明確な回答結果を出すために有効

【原文】
2007年にグループ結成、18年から3年連続で紅白歌合戦に出場。

【訳文】

The group was formed in 2007, and has participated in the Kohaku Uta Gassen for three consecutive years since 2006.

ChatGPTの回答

【原文】と【訳文】を比較すると、「18年から3年連続で紅白歌合戦に出場。」という部分に正確性エラーがあります。【訳文】では"since 2006"と書かれていますが、【原文】では「18年から」となっており、これは「2018年から」という意味になります。従って、「2006年から」という訳は誤りです。

【訂正後の訳文】

The group was formed in 2007, and has participated in the Kohaku Uta Gassen for three consecutive years since 2018.

(ChatGPT, 2023年5月)

もう1つ例を見てみましょう。Chapter 2からの例です。

プロンプト(ChatGPTへの指示)

あなたはプロの翻訳のチェッカーです。下の【原文】の日本語と【訳文】の英語を比べて、【原文】の命題が【訳文】で失われるような正確性エラーがないかを確認してください。もしも正確性エラーが疑われる箇所がある場合は、その部分を抜き出して説明をしてください。最後にそれらのエラーを訂正した正しい訳文をください。

【原文】
部長はお昼の会議に出席することになっています。お弁当については、部長はうなぎになります。ご対応のほど、よろしくお願いします。

【訳文】
The director is going to attend the lunch meeting. As for the bento, the manager will be an eel. Thank you very much for your support.

ChatGPTの回答

【原文】と【訳文】を比較すると、「お弁当については、部長はうなぎになります。」という部分に正確性エラーがあります。【訳文】では“As for the bento, the manager will be an eel.”と書かれていますが、これは原文の意図を正確に表現していません。原文では部長のお弁当がうなぎであることを表していますが、訳文では部長がうなぎになると誤解を招く表現になっています。

【訂正後の訳文】
The director is scheduled to attend the noon meeting. As for the lunch box, the director will have eel. We appreciate your cooperation.

(ChatGPT, 2023年5月)

もう1つ見てみましょう。

プロンプト（ChatGPTへの指示）

あなたはプロの翻訳のチェッカーです。下の【原文】の日本語と【訳文】の英語を比べて、【原文】の命題が【訳文】で失われるような正確性エラーがないかを確認してください。もしも正確性エラーが疑われる箇所がある場合は、その部分を抜き出して説明をしてください。最後にそれらのエラーを訂正した正しい訳文をください。

【原文】
山田さんはもういません。彼とは手を切りました。

【訳文】
Yamada-san is no longer with us. I have cut off my hands from him.

ChatGPTの回答

【原文】と【訳文】を比較すると、「彼とは手を切りました。」という部分に正確性エラーがあります。【訳文】では "I have cut off my hands from him." と書かれていますが、これは原文の意図を正確に表現していません。原文では「彼との関係を絶った」または「彼とはもう関わりを持たない」ことを表していますが、訳文では自身の手を彼から切り離したと誤解を招く表現になっています。

【訂正後の訳文】

Yamada-san is no longer with us. We have severed ties with him.

（ChatGPT, 2023年5月）

これまで見てこなかった翻訳についても確認してみましょう。

プロンプト（ChatGPTへの指示）

あなたはプロの翻訳のチェッカーです。下の【原文】の日本語と【訳文】の英語を比べて、【原文】の命題が【訳文】で失われるような正確性エラーがないかを確認してください。もしも正確性エラーが疑われる箇所がある場合は、その部分を抜き出して説明をしてください。最後にそれらのエラーを訂正した正しい訳文をください。

【原文】

AI技術は急速に進歩しており、将来的にどのくらいまで発展するのかは、正直わかりません。しかし、英語・外国語教育における機械翻訳やAIの存在は既に無視できないほどに影響力を持ってきており、特に、日本国内においては義務教育に近い形で実施されている英語教育のあり方について、考え直す時期に来ているのは事実でしょう。多くの英語教員や英語教育研究者も同様に感じていることと思います。

【訳文】

AI technology is advancing rapidly, and honestly, it's unclear how far it will develop in the future. However, the presence of machine translation (MT) and AI in English and foreign language education has already become so influential that it cannot be ignored. In particular, in Japan, where English education is implemented in a form close to compulsory education, it's likely time to reconsider its approach. <u>I believe that many English teachers and researchers in English education feel the same way.</u>

ChatGPTの回答

翻訳は大部分が正確で、原文の日本語の主要な点が英語訳文に正しく表現されています。ただし、最後の文については主観性の解釈に関する軽微な問題があります。

原文の「多くの英語教員や英語教育研究者も同様に感じていることと思います。」では、誰が考えているか（「思います」）が曖昧になっています。これは日本語では一般的な表現です。

しかし、英訳文の“I believe that many English teachers and researchers in English education feel the same way.”では、これが特に話し手や書き手を指すようになっています。原文の曖昧さを維持し、個人的な意見を導入する可能性を避けるために、翻訳はわずかに修正することができます。

【訂正後の訳文】

AI technology is advancing rapidly, and honestly, it's unclear how far it will develop in the future. However, the presence of machine translation (MT) and AI in English and foreign language education has already become so influential that it cannot be ignored. In particular, in Japan, where English education is implemented in a form close to compulsory education, it's likely time to reconsider its approach. <u>It is thought that many English teachers and researchers in English education feel the same way.</u>

(ChatGPT, 2023年5月)

確認項目❷

流暢性エラーはないか

続いて、この節では流暢性エラーがないかを確認します。Chapter 2で説明したとおり、**ここでいう流暢性とは、「言い方」に関わるものです。**生成された英語が自然であり、英語として適切な表現と文法を用いているか、不自然な表現や誤った文法がないかけだけでなく、文体やフォーマリティなども含めて考えます。前工程で設定した翻訳の目的と対象読者に沿った言い方になっているかを確認します。そのため、プロンプトには翻訳の目的と対象読者の条件も含めます。

プロンプトのテンプレート

これもテンプレート化したプロンプトを掲載します。

流暢性エラーを確認するプロンプトのテンプレート

07

あなたはプロの翻訳のチェッカーです。下の【原文】の日本語と【訳文】の英語を比べて、流暢性エラー、文体エラー、フォーマリティのエラーがないがないかを確認してください。【訳文】の英語の翻訳が、以下の条件を満たしているのかどうかを確認してください。もしも流暢性エラーが疑われる箇所がある場合は、その部分を抜き出して説明をしてください。最後にそれらのエラーを訂正した正しい訳文をください。

翻訳の目的：**翻訳の目的を記入する**

対象読者：**対象読者を記入する**

【原文】**日本語の原文を記入する**

【訳文】**チェックしたい英訳を記入する**

それでは、プロンプトとChatGPTの回答を見てみましょう。原文と訳文はChapter 2からの例です。

プロンプト（ChatGPTへの指示）

あなたはプロの翻訳のチェッカーです。下の【原文】の日本語と【訳文】の英語を比べて、流暢性エラー、文体エラー、フォーマリティのエラーがないがないかを確認してください。【訳文】の英語の翻訳が、以下の条件を満たしているのかどうかを確認してください。もしも流暢性エラーが疑われる箇所がある場合は、その部分を抜き出して説明をしてください。最後にそれらのエラーを訂正した正しい訳文をください。

翻訳の目的：ビジネスの場で、報告する
対象読者：会社の役員

【原文】昨日の飲み会に山田部長が突然来たのでビビりましたよ。

【訳文】Man, I got totally freaked out yesterday when Yamada, the division chief, just showed up out of nowhere at the drinking party.

ChatGPTの回答

【訳文】は【原文】の情報を正確に伝えていますが、流暢性エラー、文体エラー、およびフォーマリティのエラーがあります。ビジネスの場で報告するという翻訳の目的と、対象読者が会社の役員であることを考えると、【訳文】はあまりにも口語的で、非公式すぎます。「Man」と「totally freaked out」は、このコンテキストで適切な表現とは言えません。

【訂正後の訳文】

I was rather taken aback when Division Chief Yamada unexpectedly attended the social gathering yesterday.

(ChatGPT, 2023年5月)

確認項目❸

英語のレベルは適切か

ここでは、生成された英語のレベルが設定したレベルになっているかどうかを確認するプロンプトについて説明します。これは、前工程で指定した英語のレベルが適切に反映されているかを検証するための重要なプロンプトです。

このプロンプトを活用することで、自分の英語力の「身の丈」に合った、また読み手にとって適切な英語の生成ができているのかを確認できます。

プロンプト(ChatGPTへの質問)

下の【訳文】の英語を理解するためには、CEFRでどのくらいの英語レベルが必要ですか?

【訳文】During yesterday's social gathering, the unexpected arrival of Division Chief Yamada took us by surprise.

ChatGPTの回答

この文章を理解するためには、一般的にCEFRのB1レベルの英語能力が必要と考えられます。このレベルの学習者は、主に現在形、過去形、未来形の使い方を理解しており、基本的な語彙とフレーズを用いて日常的なトピックについて話すことができます。"During yesterday's social gathering" や "unexpected arrival" などの表現は、これらの基本的な語彙と文法の範囲に含まれます。
ただし、文化的な背景知識（"Division Chief Yamada" が何を意味するかなど）が必要な場合もあるため、単純に言語レベルだけでなく、そのような背景知識も考慮に入れる必要があります。

(ChatGPT, 2023年5月)

Chapter 2でご紹介した、英語レベルの基準を再掲します。確認のうえ、参考にしてください。

英語レベルの設定に役立つ指標

CEFR Level	TOEIC スコア	英検	一般的な日本人の英語レベル
C2	-	-	翻訳者·通訳者
C1	945-990	1級合格	大学上級
B2	785-940	準1級合格	大学中級
B1	550-780	2級合格	高校卒業
A2	225-545	準2級合格	高校中級
A1	120-220	3級合格	中学卒業
-	-	4級合格	中学中級
-	-	5級合格	中学初級

確認項目❹

用語が指定通りに訳されているか

この節では生成された英語が事前に用意した用語集の対訳に従っているかどうかを確認するプロンプトについて詳しく解説します。このプロンプトの活用により、具体的な用語の翻訳を含む全体的な英文の品質を向上させることができます。自身が作成した対訳用語集を適切に活用し、より精度の高い翻訳結果を得られることでしょう。

プロンプトのテンプレート

テンプレート化したプロンプトを見ていきましょう。

指定した用語の訳を確認するプロンプトのテンプレート

08

あなたはプロの翻訳のチェッカーです。下の【原文】の日本語と【訳文】の英語を比べて、用語のエラーがないかを確認してください。【訳文】の英語が以下の条件を満たすようにしてください。

【用語集】の中の対訳を正しく使って【原文】の日本語が【訳文】の英語に翻訳されているか。されていない場合は、それは用語エラーとなります。その箇所を抜き出して説明をしてください。最後にそれらのエラーを訂正した正しい訳文をください。この時、元々与えられた【訳文】の英語を変更せず、用語だけを修正してください。

【用語集】は、日本語（JA）英語（EN）の対訳の用語集です。カンマ区切りのcsv形式になっています。

【用語集】

JA,EN

用語1（日本語）,用語1（英語）

用語2（日本語）,用語2（英語）

・・・

【原文】**日本語の原文を記入する**

【訳文】**チェックしたい英訳を記入する**

それでは、プロンプトとChatGPTの回答を見てみましょう。原文と訳文はChapter 2からの例です。

プロンプト（ChatGPTへの指示）

あなたはプロの翻訳のチェッカーです。下の【原文】の日本語と【訳文】の英語を比べて、用語のエラーがないかを確認してください。【訳文】の英語が以下の条件を満たすようにしてください。

【用語集】の中の対訳を正しく使って【原文】の日本語が【訳文】の英語に翻訳されているか。されていない場合は、それは用語エラーとなります。その箇所を抜き出して説明をしてください。最後にそれらのエラーを訂正した正しい訳文をください。この時、元々与えられた【訳文】の英語を変更せず、用語だけを修正してください。

【用語集】は、日本語（JA）英語（EN）の対訳の用語集です。カンマ区切りのcsv形式になっています。

【用語集】
JA,EN
美味しいチェッカー,Oishii Checker
設定,Configuration
センサ,Sensor
旨味センサ,Umami Sensor

【原文】「美味しいチェッカー」機能を作動させるためには、[設定]から[センサ]を開いて[旨味センサ]をONにしてください。
【訳文】To activate the 'Delicious Checker' feature, please navigate to [Settings], open [Sensors], and switch the [Umami Sensor] to ON.

ChatGPTの回答

 まず、対訳の用語が正しく使われているかを確認します。

用語集の対訳に従って、「美味しいチェッカー」は'Oishii Checker'、'設定'は'Configuration'、'センサ'は'Sensor'、そして'旨味センサ'は'Umami Sensor'と訳されるべきです。

しかし、【訳文】を確認すると、「美味しいチェッカー」が 'Delicious Checker' と訳され、「設定」が 'Settings' と訳されています。これらは用語エラーとなります。

従って、元々の【訳文】を変更せず、用語だけを修正すると、次のようになります：

正しい訳文：“To activate the ‘Oishii Checker’ feature, please navigate to [Configuration], open [Sensors], and switch the [Umami Sensor] to ON.”

(ChatGPT, 2023年5月)

もう1つ試します。レストランのメニューの翻訳を確認するという設定です。

プロンプト(ChatGPTへの指示)

【用語集】の中の対訳を正しく使って【原文】の日本語が【訳文】の英語に翻訳されているか。されていない場合は、それは用語エラーとなります。その箇所を抜き出して説明をしてください。最後にそれらのエラーを訂正した正しい訳文をください。この時、元々与えられた【訳文】の英語を変更せず、用語だけを修正してください。

【用語集】は、日本語（JA）英語（EN）の対訳の用語集です。カンマ区切りのcsv形式になっています。

【用語集】

JA,EN

山田カフェ ,Yamada's Cafe

山田特製ブレンド,Yamada Special Blend Coffee

手製オリジナル,Hand-Dripped Single Origin

季節スムージー,Seasonal Fresh Fruit Smoothie

アボカドチキンサンド,Avocado & Chicken Sandwich

焼き立てパン,Bakery Selection

【原文】紹介文:

「山田カフェ — 静謐な雰囲気と高速Wi-Fi、おいしいコーヒーで仕事効率UP!　心地よい空間で、最高のパフォーマンスを。」

メニュー:

1. 山田特製ブレンド — 香り高く独特の味わい

2. 手製オリジナル — こだわりの一杯を

3. 季節スムージー — 健康と美味しさのコラボレーション

4. アボカドチキンサンド — ボリューム満点の一品

5. 焼き立てパン — その日の焼き立てパンをお楽しみください

【訳文】Introduction: "Yamada's Cafe

Yamada's Cafe — Tranquil atmosphere, high speed Wi-Fi, and great coffee to improve your work efficiency!

Menu:

1. Yamada's Special Blend — Aromatic and unique flavor

2. handmade originals — a cup of coffee made with the utmost care

3. seasonal smoothie — a collaboration of health and taste

4. avocado chicken sandwich — a hearty dish

5. freshly baked bread — enjoy the freshly baked bread of the day

ChatGPTの回答

【訳文】の中の一部が【用語集】に対応する翻訳として正しく使用されていません。以下、それぞれのエラーと修正案を示します。

エラー1:
用語: 手製オリジナル
原訳: handmade originals
修正: Hand-Dripped Single Origin

エラー2:
用語: 山田特製ブレンド
原訳: Yamada's Special Blend
修正: Yamada Special Blend Coffee

これらのエラーを修正した訳文は以下のようになります：

Introduction: "Yamada's Cafe
Yamada's Cafe — Tranquil atmosphere, high speed Wi-Fi,

and great coffee to improve your work efficiency!

Menu:

1. Yamada Special Blend Coffee — Aromatic and unique flavor

エラー1の修正が反映

2. Hand-Dripped Single Origin — a cup of coffee made with the utmost care

エラー2の修正が反映

3. seasonal smoothie — a collaboration of health and taste

4. avocado chicken sandwich — a hearty dish

5. freshly baked bread — enjoy the freshly baked bread of the day

ここでエラーがすべて検出されていなかったので、プロンプトに「続けてください」と入力しました。

ChatGPTの回答

確認したところ、他にも用語が正しく翻訳されていない箇所が見つかりました。

エラー3:

用語: 季節スムージー

原訳: seasonal smoothie

修正: Seasonal Fresh Fruit Smoothie

エラー4:

用語: アボカドチキンサンド
原訳: avocado chicken sandwich
修正: Avocado & Chicken Sandwich

エラー5:
用語: 焼き立てパン
原訳: freshly baked bread
修正: Bakery Selection

これらのエラーを修正した訳文は以下のようになります：

Introduction: "Yamada's Cafe
Yamada's Cafe — Tranquil atmosphere, high speed Wi-Fi, and great coffee to improve your work efficiency!

Menu:
1. Yamada Special Blend Coffee — Aromatic and unique flavor
2. Hand-Dripped Single Origin — a cup of coffee made with the utmost care
3. Seasonal Fresh Fruit Smoothie — a collaboration of health and taste
4. Avocado & Chicken Sandwich — a hearty dish
5. Bakery Selection — enjoy the freshly baked bread of the day

エラー3~5の修正も反映

(ChatGPT, 2023年5月)

このように、指定した対訳用語集に従っていない箇所を検出し、修正することはできました。しかし、この検証時点でのChatGPT（Plus 4）に割り当てられているメモリー容量の制限などにより、長文かつ数多くの用語に合わせ込まなければならない場合には、実用的でないかもしれません。プロフェッショナルの活用には耐えられないかもしれませんが、理論的にはこういった応用も可能であるということを示しました。

- 後工程で主に確認すべき点：
  ①正確性エラーはないか
  ②流暢性エラーはないか
  ③英語レベルに問題はないか
  ④指定用語通りに訳されているか。
- 前工程と同様、目的ごとに、テンプレートを用意するのが効率的である。

Section 04

その他の翻訳アプローチ

これまで見てきた前工程・後工程のプロンプトの他にも、ChatGPTへの指示の出し方は無数に考えられます。このセクションにある例を参考にして、自分の目的に合わせたプロンプトを作成してみましょう。

プロンプトの書き方は無限大

英語の制作工程の前工程（翻訳の仕様の決定）と後工程（仕様に準じているのかの確認）をするための、最も有用と思われるプロンプトの一例を説明しました。繰り返しになりますが、これらのプロンプトの書き方は、ChatGPT 4の環境において（2023年5月現在）、限られたサンプル数だけでの検証しかしていないため、異なる環境において同等の動作を保証するものではありません。

しかしながら、プロンプトの記述の方法と、概念（メタ言語）そのものは、大規模言語モデルを活用するための考え方を示しているので、今後、読者の方々がより良いプロンプトに書き換えていくための参考になるものと考えます。

説明してきたプロンプトは、ほんの一例に過ぎません。他にもさまざまなアプローチが可能です。「前工程」（設定）と「後工程」（品質確認）のフレームワークに基づき、各工程における追加のプロンプト案を考えてみました。これらを参考にしつつ（またその案自体をChatGPTに尋ねるなどして）、オリジナルプロンプトを考えてみてください。

前工程

その他の翻訳プロンプトの例

1

翻訳のスタイルを指定する

フォーマルなトーン、インフォーマルなトーン、ビジネススタイル、会話的スタイルなど

2

テキストの種類を指定する

ニュース記事、学術論文、ブログ記事、公式文書など

3

翻訳文の最終形式を指定する

印刷物、ウェブサイト、公式文書など

4

特定の翻訳手法の使用を指定する

直訳、意訳、自由訳など

5

翻訳者への特別な指示を指定する

特定の表現を避ける、一部を意図的に省略する、重要なポイントを強調するなど

プロンプトのサンプル 09

次の【原文】の日本語の文章を英語に翻訳してください。
翻訳するときに以下の条件を満たしてください。
翻訳のスタイル：**ex. フォーマルなトーンのイギリス英語にする。**

【原文】**日本語の原文を記入する**

プロンプトのサンプル 10

次の【原文】の日本語の文章を英語に翻訳してください。
翻訳するときに以下の条件を満たしてください。
翻訳のテキストの種類：**ex. 学術論文の英語にしてください。**

【原文】**日本語の原文を記入する**

プロンプトのサンプル 11

次の【原文】の日本語の文章を英語に翻訳してください。
翻訳するときに以下の条件を満たしてください。
翻訳文の最終形式：**ex. 会社のウェブサイトに掲載するのに適した英語にしてください。**

【原文】**日本語の原文を記入する**

プロンプトのサンプル 12

次の【原文】の日本語の文章を英語に翻訳してください。
翻訳するときに以下の条件を満たしてください。
翻訳手法：**ex. できるだけ【原文】の日本語に対応した直訳調の英語にしてください。**

【原文】**日本語の原文を記入する**

プロンプトのサンプル 13

次の【原文】の日本語の文章を英語に翻訳してください。
翻訳するときに以下の条件を満たしてください。
特別な指示：**ex. ジェンダーバイアス、マイノリティ配慮、LGBTQを考慮した英語にしてください。**

【原文】**日本語の原文を記入する**

後工程

その他の翻訳プロンプトの例

1

テキスト全体の一貫性を確認する

同じ用語が一貫して使用されているか、
テキスト全体が一貫したトーンで書かれているかなど

2

翻訳が原文の意味を正確に表現しているかを確認する

原文のニュアンスや意図が
正確に捉えられているかなど

3

翻訳が適切なレジスタを使用しているかを確認する

話し言葉、書き言葉、専門用語など
（※レジスタ：状況による言葉の違いのこと）

4

翻訳がターゲット言語の文化的なニュアンスを適切に取り入れているかを確認する

プロンプトのサンプル

あなたはプロの翻訳のチェッカーです。下の【原文】の日本語と【訳文】の英語を比べて、以下の条件が満たされているか確認してください。
翻訳のスタイル：**ex. フォーマルなトーンのイギリス英語にする。**

【原文】**日本語の原文を記入する**
【訳文】**チェックしたい英訳を記入する**

プロンプトのサンプル

あなたはプロの翻訳のチェッカーです。下の【原文】の日本語と【訳文】の英語を比べて、原文のニュアンスや意図が正確に訳文に反映されているのかを確認してください。

【原文】**日本語の原文を記入する**
【訳文】**チェックしたい英訳を記入する**

プロンプトのサンプル

あなたはプロの翻訳のチェッカーです。下の【原文】の日本語と【訳文】の英語を比べて、【訳文】の英語が適切なレジスタになっているのかを確認してください。レジスタは、**ex. ビジネスでのフォーマルなメールでの書き言葉です。**

【原文】**日本語の原文を記入する**
【訳文】**チェックしたい英訳を記入する**

プロンプトのサンプル

あなたはプロの翻訳のチェッカーです。下の【原文】の日本語と【訳文】の英語を比べて、【訳文】の英語が文化的なニュアンスを適切に取り入れて訳されているかを確認してください。

【原文】**日本語の原文を記入する**
【訳文】**チェックしたい英訳を記入する**

これらのプロンプトは、翻訳の品質と効率性を向上させるために使用できます。ただし、繰り返しますが、**あくまでもこれらのプロンプトは見本であり、特定の状況や要件に合わせてカスタマイズすることが可能です。**例えば、特定の専門用語の使用を要求する、あるいは特定の文化的な要素を強調または排除するといった具体的な指示も可能です。

さらに、**これらのプロンプトは組み合わせることも可能です。**例えば、「この文章を観光客向けに、丁寧だけどカジュアルな英語に翻訳してください。そして、その後で、翻訳が観光客にとって分かりやすいかどうか確認してください」のように。

重要なのは、ChatGPTはこのようなプロンプトによってユーザーの意図を理解し、その意図に合わせた出力を提供することが可能であるという点です。ですから、翻訳の要件や目的に合わせて適切なプロンプトを使用してください。

POINT

- 特定の状況や要件に合わせてプロンプトをカスタマイズしていくことが、適切な翻訳を得るために重要である。
- テンプレート同士を組み合わせて、新たなプロンプトを作成することも有効である。

ChatGPTで達人の翻訳を学ぶ

命題やモダリティについて、ChatGPTへどう質問するかの例をこれまで見てきましたが、実は言葉はもっと複雑で、さまざまな疑問が存在します。本書では、プロの翻訳者たちのように「言葉」のエキスパートの人たちは「メタ言語能力」を持っており、高い洞察力とスキルを持っていると述べました。しかし、そのような翻訳者や流暢な英語話者でも、自分の発した言葉を明確に説明できるとは限りません。ですので、私たちが、達人から学ぶためには、その人たちの行動や結果を観察することが大切です。

その1つの方法は、達人の翻訳を分析することです。原文の日本語と訳文の英語を並べて、違いを観察してみましょう。並べてみるだけでも面白いですが、さらに踏み込んで、日本語と英語で何が違うのか、なぜその違いがあるのか考えてみたり、ChatGPTに聞いてみると洞察が深まります。

文豪の文章と訳文から学ぶ

例えば、ノーベル文学賞を受賞した川端康成の「雪国」の冒頭の文があります。この冒頭文は、翻訳研究者や言語学者にとって魅力的な文です。研究対象として、これまでに多くの考察がされてきました。その詳細は割愛しますが、例えば、物語が描かれる「視点」が異なるといった議論が代表的です。この視点の違いにより、日本語を読んだ読者と英語の読者が頭の中に描くイメージが違うとも言われています。日本語の読者は「電車に乗っている内からの視点」を体験できるのに対して、英語の読者は「電車を外から見ている視点」であると言われたりします。これを検証するため、これまでの言語学や翻訳学では対人実験を行ってきましたが、**今はAIを使って、文字から絵を描くこともできる時代ですので、個人レベルでも検証できます。**

ということで、まずは、原文と訳文を比較するために、ChatGPTに聞いてみることから始めて、さまざまな言語の深い考察を深めてみてはいかがでしょうか。

プロンプト（ChatGPTへの質問）

川端康成の小説「雪国」の冒頭部分の日本語原文と英訳文を比較してください。これらの違いを簡単に説明してください。

[原文] 国境の長いトンネルを抜けると雪国だった。
[訳文] The train came out of the long tunnel into the snow country.

ChatGPTの回答

原文と訳文を比較すると、いくつかの違いが見受けられます。

1. 主語：英語版では、「The train」（列車）という主語が追加されています。日本語では主語を省略することが多く、この場合、主語は読者が文脈から推測します。しかし、英語では主語を省略することは少ないため、ここでは列車が主語として明示されています。

2. 行動主体：原文では、「トンネルを抜ける」という行為の主体が明示されていません。誰が、または何がトンネルを抜けたのかは述べられていません。しかし、英訳では、「The train came out of...」とあり、列車がトンネルを抜けたと具体的に述べられています。

3. 時間と空間の表現：原文では、「トンネルを抜けると雪国だった」と時間と空間が一体化した表現がされています。トンネルを抜けた瞬間に、すぐに雪国が広がっていたことを示しています。しかし、英訳では、「The train came out of the long tunnel into the snow country」のように、列車がトンネルを出て雪国に入るというより動的な表現が使われています。

これらの違いは、日本語と英語の文法や表現の違いから生じています。翻訳者は、原文の意図や雰囲気を英語に再現しようと努力しています。

(ChatGPT, 2023年5月)

すでにこれまで見てきたような回答が得られました。このように、原文（日本語）と訳文（英語）を比較してそこに訳出のズレを確認してみることは重要です。

イメージを生成して文章を確認してみる

最近ではテクストからイメージを生成してくれるAIもあり

ます。Midjourney、Bingなどのウェブサービスのほか、Stable Diffusionなどを自分で設定することでも可能です。言葉を読むと私たちは頭の中にイメージが浮かびます。先ほどのChatGPTの説明にもあるように、雪国の冒頭文の日本語と英語の「ズレ」は、特に「時間と空間」にありそうです。そこで、Midjourneyを使って英語のイメージ画を生成してもらいました。みなさんが日本語で読んだときの状況と異なるのかどうか、比較してみてください。「視点」の問題だけでなく、鉄道が外国製であるなど、色々な違いがあると思います。この画像が、英語の読者の頭の中であるとは断言しませんが、生成AIによってこのようなことが可能になったのは興味深いことです。今後の翻訳研究や教育に対しても示唆的であると考えます。

[Midjourneyへのプロンプト]
/imagine The train came out of the long tunnel into the snow country

Chapter 4

実践で学ぶ ChatGPT 翻訳術

○○○○○○○○○○○○○○

Chapter 3で紹介したプロンプトを活用するスキルを身につけた皆さん、いよいよ具体的な英語発信の場面へと舞台を移します。本章では、実際にビジネスシーンで頻繁に使用される英語のビジネスメールとプレゼンテーションに焦点を当て、その作成方法を学びます。

まず、ビジネスメールの書き方について深く探ります。英語のビジネスメールは、既存の日本語メールを英語に翻訳する場合と、最初から英語でメールを書く場合の2つのケースに分けて考えることができます。それぞれの手法について具体的なテクニックと注意点を解説します。

次に、プレゼンテーションの英語のスクリプト作成に移ります。こちらは日本語でのスクリプトがある前提で、それを目的と対象読者に合わせて英語に翻訳します。最終的には、その英語の内容を確認し、正確さと流暢さを追求するためのアドバイスを得る方法を提供します。

本章を通じて、皆さんが自信を持って英語で発信するスキルを身につけられるよう、具体的で実践的なガイダンスを提供します。では、一緒に新たなステップへと進んでいきましょう。

○○○○○○○○○○○○○○

Section 01

ビジネスメールを翻訳する

日本語で書いた丁寧なビジネスメールを英語に翻訳するとき、どう表現すれば良いのか途方に暮れることはありませんか。プロンプトを活用すれば、円滑にコミュニケーションが進む英文メール作成が可能になります。

日本語のメールを英語に翻訳してみる

これまで学んできたプロンプトを実践しましょう。

今回はビジネスメールを英語で書く例を取り上げます。元となる日本語のメールが既に書かれているとします。それを適切なコミュニケーションの目的に合わせて翻訳するのが目標となります。

まずは、翻訳を行う日本語の原文を見てみましょう。

[原文のメール]

件名:次回打ち合わせ日程の確認とアジェンダ

鈴木様

お世話になっております、株式会社アルクの山田と申します。
先日は有意義な打ち合わせを頂きまして、誠にありがとうございました。

先日の打ち合わせで頂いたご質問について、回答を用意しましたので、次回の打ち合わせでご説明させていただきます。

次回の打ち合わせは、5月30日の15:00または16:00からを予定しております。どちらがご都合に合うかご連絡いただけますと幸いです。場所は弊社のオフィスとさせていただきます。

上記日程についてご確認いただけますと幸いです。
今後ともどうぞよろしくお願い申し上げます。

山田

では、次に前工程へ進みましょう。翻訳仕様を設定して、ChatGPTに実行させるためのプロンプトを用意していきます。

前工程

翻訳仕様を設定する

さて、ベースとなる翻訳の仕様書のテンプレートはChapter 3を通じて説明してきました（下に示す通りです）。ではこのテンプレートを一緒に埋めてみましょう。

翻訳の目的・対象読者を設定するプロンプトのテンプレート 01

> 次の【原文】の日本語の文章を英語に翻訳してください。
> 翻訳するときに以下の条件を満たしてください。
> 翻訳の目的：**翻訳の目的を記入する**
> 対象読者：**対象読者を記入する**
>
> 【原文】**訳したい日本語の原文を記入する**

どのようにテンプレートを埋めるのかを、ステップバイステップで考えます。

①原文の理解

まず、翻訳する文章をしっかりと理解することが重要です。上記の場合、ビジネスメールであり、次回の打ち合わせ日程の確認とアジェンダの共有を目的としていることを把握します。

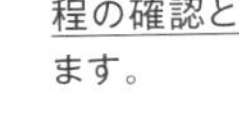

②翻訳の目的の特定

翻訳する文章の目的を明確に理解することが次のステップです。この場合、メールの目的は「ビジネスパートナーとの次回の打ち合わせ日程を確認し、事前にアジェンダを共有する」ことであると判断します。

翻訳の対象となる読者を特定することも重要です。ここでは、メールの宛先である「鈴木様」が対象読者であると特定します。彼女はビジネスパートナーとして明確で丁寧なコミュニケーションを期待していると考えられます。

翻訳の目的と対象読者を特定したら、それらをテンプレートの設定条件欄に記述します。これにより、翻訳する際の方向性が明確になります。

最後に、訳したい日本語の原文をテンプレートに挿入します。これで、翻訳作業に取り掛かる準備が整います。

しかし、原文を読むと1つ固有名詞があることに気づきました。「株式会社アルク」の英名は「ALC Press Inc.」なので、これは用語として指定しておくことにします。

用語を指定するために、さらに次のテンプレートを使用しました。

用語を指定するプロンプトのテンプレート 05

【用語集】の中の対訳を正しく使って【原文】を英語に翻訳してください。

【用語集】は、日本語（JA）英語（EN）の対訳の用語集です。カンマ区切りのcsv形式になっています。

【用語集】

JA,EN

用語１（日本語）,用語１（英語）

用語２（日本語）,用語２（英語）

・・・

【原文】**訳したい日本語の原文を記入する**

制作工程

ChatGPTによる翻訳

以上のステップを通じて、翻訳の目的と対象読者、そして用語を明示し、翻訳する原文を設定しました。これらの情報を元に、ChatGPTに適切な翻訳を作成するプロンプトを用意することができました。

プロンプト（ChatGPTへの質問）

次の【原文】の日本語の文章を英語に翻訳してください。
翻訳するときに以下の条件を満たしてください。
翻訳の目的：ビジネスパートナーとの次回の打ち合わせ日程を確認し、事前にアジェンダを共有する。 ❶
対象読者：鈴木様、彼女はビジネスパートナーとして明確で丁寧なコミュニケーションを期待している。 ❷
【用語集】の中の対訳を正しく使って【原文】を英語に翻訳してください。

【用語集】は、日本語（JA）英語（EN）の対訳の用語集です。カンマ区切りのcsv形式になっています。
【用語集】
JA,EN
株式会社アルク,ALC Press Inc. ❸

【原文】

❶ 翻訳の目的を設定しています。このように「誰と」(ビジネスパートナーと)、「何について話すか」(打ち合わせの日程を確認し、事前にアジェンダを共有する) を書くことで、コミュニケーションの目的を正しく設定できます。省略していますが、「どんな媒体で話すか」(メールで) という観点を加えても効果的でしょう。

❷ 対象読者を設定しています。今回は、ビジネスパートナーという相手との関係に加え、「明確で丁寧なコミュニケーションを期待している」という情報を加えています。

❸ 対訳用語集の設定をしています。今回の会社名のような固有名詞は必ず設定しておきたいポイントです。このように「(日本語) /, (カンマ) / (英語)」の順に指定する方法が効率的です。

件名：次回打ち合わせ日程の確認とアジェンダ ❹

鈴木様

❺お世話になっております、株式会社アルクの山田と申します。
先日は有意義な打ち合わせを頂きまして、誠にありがとうございました。

先日の打ち合わせで頂いたご質問について、回答を用意しましたので、次回の打ち合わせでご説明させていただきます。
次回の打ち合わせは、5月30日の❻15:00または16:00からを予定しております。どちらがご都合に合うかご連絡いただけますと幸いです。場所は弊社のオフィスとさせていただきます。

上記日程についてご確認いただけますと幸いです。
❼今後ともどうぞよろしくお願い申し上げます。

山田

ChatGPTの回答

Subject: Confirmation of Next Meeting Schedule and Agenda ❽

Dear Suzuki-san,

❹　ここから、翻訳を行う原文が記入されています。

❺　「お世話になっております」は正確性エラーの原因になる、日本的な表現の一種です。プリエディットを検討しても良いでしょう。今回は、どのように訳出されるのか、注意して結果を確認しましょう。

❻　英語では、「15:00」や「16:00」という言い方は基本的にしません。3 p.mや4 p.m.に合わせて午後3時、午後4時などにプリエディットをしておいても良いでしょう。こちらもどのように訳出されるのか見てみましょう。

❼　「今後ともどうぞよろしくお願い申し上げます」も日本的な表現の一種と考えられます。こちらも、注意して翻訳結果を確認しましょう。

❽　ここから、ChatGPTの翻訳結果です。

⑨I hope this message finds you well. My name is Yamada from ⑩ALC Press Inc.

Thank you very much for the productive meeting we had the other day.

I have prepared responses to the questions you raised during our previous meeting and will be pleased to provide the answers at our next meeting.

Our next meeting is scheduled for May 30th, at either ⑪3:00 pm or 4:00 pm. We would greatly appreciate it if you could let us know which time works better for you. The meeting will be held at our office.

Your confirmation regarding the above-mentioned schedule would be greatly appreciated.

⑫Thank you in advance for your continuous cooperation and support.

Best Regards,

Yamada

(ChatGPT, 2023年5月)

❾ 「お世話になっております」がI hope this message finds you well.という英文メールの定型表現に入れ替わりました。もし、この表現が適切かどうかわからない場合は、ChatGPTにこの表現が適切かどうか確認してみても良いでしょう。

❿ 後工程でChatGPTによる確認も入れますが、用語集で指定した「株式会社アルク」は正しくALC Press Inc.と訳されています。

⓫ 原文の「15:00」や「16:00」は英語の表記として正しい3:00 pm、4:00 pmに無事変換されました。驚くべきことですが、毎回、必ず正しい翻訳になるとはかぎらないので、できれば原文のプリエディットで誤訳の可能性を減らしておきたい内容です。

⓬ 「今後ともどうぞよろしくお願い申し上げます。」もThank you in advance for your continuous cooperation and support.とBest Regards,という英文メールの定型表現に変換されました。

後工程

翻訳結果を確認する

翻訳結果を確認するプロンプトは以下のように、Chapter 3で説明したものを統合したテンプレートで作ってみました。

使用するテンプレート

18

あなたはプロの翻訳のチェッカーです。下の【原文】の日本語と【訳文】の英語を比べて、【原文】の命題が【訳文】で失われるような正確性エラーがないか、流暢性エラー、文体エラー、フォーマリティのエラーがないか、また用語のエラーがないかを確認してください。【訳文】の英語が以下の条件を満たすようにしてください。

翻訳の目的：**翻訳の目的を記入する**
対象読者：**対象読者を記入する**

【用語集】の中の対訳を正しく使って【原文】を英語に翻訳してください。

【用語集】は、日本語（JA）英語（EN）の対訳の用語集です。カンマ区切りのcsv形式になっています。

【用語集】
JA,EN

用語１（日本語）,用語１（英語）

【用語集】の中の対訳を正しく使って【原文】の日本語が【訳文】の英語に翻訳されているか。されていない場合は、それは用語エラーとなります。その箇所を抜き出して説明をしてください。最後にそれらのエラーを訂正した正しい訳文をください。このとき、元々与えられた【訳文】の英語を変更せず、用語だけを修正してください。
また正確性エラーと流暢性エラーも確認してください。もしもエラーが疑われる箇所がある場合は、その部分を抜き出して説明をしてください。最後にそれらのエラーを訂正した正しい訳文をください。

【原文】**日本語の原文を記入する**
【訳文】**チェックしたい英訳を記入する**

テンプレートを埋めたものが次です。原文と訳文は省略していますが、前工程・制作工程のテキストをそのまま記載しています。

プロンプト（ChatGPTへの質問）

あなたはプロの翻訳のチェッカーです。下の【原文】の日本語と【訳文】の英語を比べて、【原文】の命題が【訳文】で失われるような正確性エラーがないか、流暢性エラー、文体エラー、フォーマリティのエラーがないか、また用語のエラーがないかを確認してください。【訳文】の英語が以下の条件を満たすようにしてください。

翻訳の目的：ビジネスパートナーとの次回の打ち合わせ日程を確認し、事前にアジェンダを共有する。
対象読者：鈴木様、彼女はビジネスパートナーとして明確で丁寧なコミュニケーションを期待している。
【用語集】の中の対訳を正しく使って【原文】を英語に翻訳してください。

【用語集】は、日本語（JA）英語（EN）の対訳の用語集です。カンマ区切りのcsv形式になっています。

【用語集】
JA,EN
株式会社アルク,ALC Press Inc.

【用語集】の中の対訳を正しく使って【原文】の日本語が【訳文】の英語に翻訳されているか。されていない場合は、それは用語エラーとなります。その箇所を抜き出して説明をしてください。最後にそれらのエラーを訂正した正しい訳文をください。このとき、元々与えられた【訳文】の英語を変更せず、用語だけを修正してください。
また正確性エラーと流暢性エラーも確認してください。もしもエラーが疑われる箇所がある場合は、その部分を抜き出して説明をしてください。最後にそれらのエラーを訂正した正しい訳文をください。

【原文】
件名：次回打ち合わせ日程の確認とアジェンダ

鈴木様

〜〜〜 中略（pp.169-170の原文を参照）〜〜〜

今後ともどうぞよろしくお願い申し上げます。

山田

【訳文】
Subject: Confirmation of Next Meeting Schedule and Agenda

Dear Suzuki-san,

〜〜〜 中略（pp.176-178の訳文を参照）〜〜〜

Best Regards,

Yamada

では、このプロンプトに対するChatGPTの回答を見ていきます。

ChatGPTの回答

ご指定いただいた内容について確認しました。原文と訳文を比較した結果は以下の通りです。

正確性エラー：
正確性エラーは見受けられません。訳文は原文の意味を正確かつ完全に伝えています。

流暢性エラー：
流暢性エラーも見受けられません。英語の訳文はスムーズに読むことができます。

フォーマリティのエラー：
フォーマリティのエラーも見受けられません。訳文は原文と一致する形式の礼儀を保っています。

用語エラー：
用語エラーもありません。用語集に記載された用語（"株式会社アルク"）は訳文で正しく"ALC Press Inc."と翻訳されています。

以上の結果から、訂正する箇所はないと判断します。そのため、原文の訳文は以下の通りとなります。

Subject: Confirmation of Next Meeting Schedule and Agenda

Dear Suzuki-san,

I hope this message finds you well. My name is Yamada from ALC Press Inc.

This isとする方が適切ですが、
検出されませんでした

Thank you very much for the productive meeting we had the other day.
I have prepared responses to the questions you raised during our previous meeting and will be pleased to provide the answers at our next meeting.

Our next meeting is scheduled for May 30th, at either 3:00 pm or 4:00 pm. We would greatly appreciate it if you could let us know which time works better for you. The meeting will be held at our office.

Your confirmation regarding the above-mentioned schedule would be greatly appreciated.
Thank you in advance for your continuous cooperation and support.

Best Regards,

Yamada

(ChatGPT, 2023年5月)

ということで、全く問題がないことが確認できました。

Section 02

ビジネスメールを英語で直接書く

ChatGPTは限られた情報から、まとまった文章を生成することも可能です。その特長を最大限活かした英文作成の方法をご紹介します。効率化のためにも役立つテクニックです。詳しく見ていきましょう。

原文なしで直接英文メールを書いてみる

本書では主に日本語の原文から英語へ翻訳する方法を解説してきましたが、AIの能力を最大限に活用すると、**元の日本語の原文の文章が存在しない場合でも英語の文章を生成することができます。**こうなると本書の趣旨を超える領域ではあるのですが、ビジネスメール程度であれば、生成AIは、かなり流暢なメールを作成できるので、ここではその方法を伝授しておきます。

実は、この手法は、既に学んだ翻訳の指示方法と多くの共通点があり、それを応用することができます。まず、これまで通りに翻訳のための仕様書を作成します。翻訳の目的や対象読者などの情報は必須となります。ただし、**最も大きな違いは「原文」に相当する部分で、ここではメールで伝えたい「メッセージ」(伝えたい内容)をリスト形式で「情報」として提供します。**

このセクションでは、翻訳の指示を応用した方法として、ビジネスメールを英語で直接ChatGPTに書かせる方法を具体的な例を通じて説明します。

ChatGPTで直接英文を書くプロセス

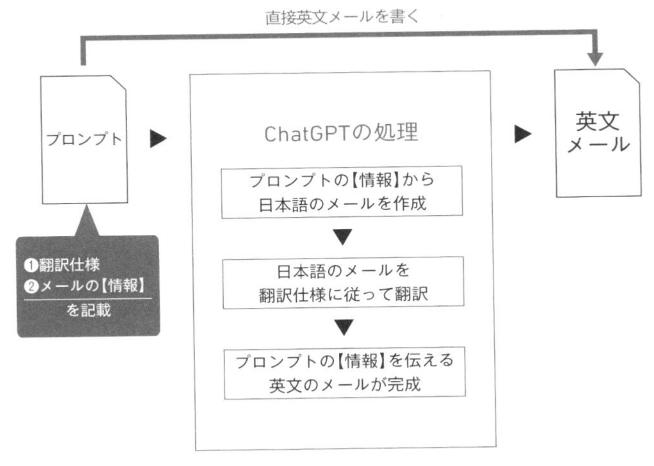

前工程

原文·翻訳仕様を設定する

まず、目標は、既に翻訳したビジネスメールと同様の内容を、元の文章がない状態から英語で生成することです。従って、翻訳の仕様書は基本的に同じものを使用します。以下に、前セクションで使用した翻訳の仕様書を再掲します。

翻訳指示書

01

次の【原文】の日本語の文章を英語に翻訳してください。翻訳するときに以下の条件を満たしてください。

翻訳の目的：**翻訳の目的を記入する**

対象読者：**対象読者を記入する**

【原文】**訳したい日本語の原文を記入する**

しかし、今回は直接英語で文を生成するため、指示書を少し改訂します。以下の下線部分が改訂した部分です。【原文】の部分を【情報】に変更し、次の例で箇条書きで【情報】を記載します。また、明示的に「英語のメール」を作成することを指示しました。

直接英文メールを生成してもらう指示書

次の【情報】の日本語を英語のメールにしてください。英語のメールにするときに以下の条件を満たしてください。

翻訳の目的：**翻訳の目的を記入する**

対象読者：**対象読者を記入する**

【情報】

伝えたい内容1

伝えたい内容2

・・・

【情報】（【原文】に相当する部分）には、箇条書きで伝えたい内容を記します。以下に翻訳指示書と直接メールを作成してもらうための指示書を並べて掲載しますので、差分を確認してください。

翻訳指示書の【原文】は、前のセクションと同じもの（pp.137-138）を入れます。直接英文メールを生成してもらう指示書の【情報】は、翻訳指示書の【原文】の内容を箇条書きしたものです。

翻訳指示書

プロンプト（ChatGPTへの質問）

次の【原文】の日本語の文章を英語に翻訳してください。
翻訳するときに以下の条件を満たしてください。
翻訳の目的：ビジネスパートナーとの次回の打ち合わせ日程を確認し、事前にアジェンダを共有する。
対象読者：鈴木様、彼女はビジネスパートナーとして明確で丁寧なコミュニケーションを期待している。
【用語集】の中の対訳を正しく使って【原文】を英語に翻訳してください。

【用語集】は、日本語（JA）英語（EN）の対訳の用語集です。カンマ区切りのcsv形式になっています。
【用語集】
JA,EN
株式会社アルク,ALC Press Inc.

【原文】
件名：次回打ち合わせ日程の確認とアジェンダ

～～～ 中略（pp.169-170の原文を参照）～～～

今後ともどうぞよろしくお願い申し上げます。

山田

直接英文メールを生成してもらう指示書

プロンプト（ChatGPTへの質問）

次の【情報】の日本語を英語のメールにしてください。英語のメールにするときに以下の条件を満たしてください。

翻訳の目的：ビジネスパートナーとの次回の打ち合わせ日程を確認し、事前にアジェンダを共有する。
対象読者：鈴木様、彼女はビジネスパートナーとして明確で丁寧なコミュニケーションを期待している。
対訳用語：株式会社アルクはALC Press Inc.にしてください。

【情報】
鈴木さま
私はアルクの山田です。
先日は打ち合わせをありがとうございます。
頂いた質問の回答を次回の打合せでお伝えします。
次回の打ち合わせ：5月30日の15:00 or 16:00開始。
弊社のオフィスにお越しください。
上の日程で大丈夫ですか。

メールで相手に伝えたい
内容を箇条書きで記入

制作工程

ChatGPTによる英文の生成

以下は、直接メールを生成してもらうための指示書によって生成された英語です。

ChatGPTの回答

Subject: Upcoming Meeting Confirmation and Answers to Your Queries

❶Dear Mr. Suzuki,
I hope this message finds you well. ❷This is Yamada from ALC Press Inc.

❸I wish to express my gratitude for the time you allocated for our recent meeting. I appreciate your active participation and the insightful questions that you raised. I am currently preparing comprehensive ❹responses to your queries, which I will be pleased to provide at our next appointment.

I am writing to ❺confirm our next meeting, which we are planning to hold at our office. The ❻proposed schedule is on the 30th of May, starting at either 3:00 PM or 4:00 PM.

❶ 【情報】の「鈴木さま」が文面に反映されています。「さま」がMr.と翻訳されています。後工程でChatGPTで確認しますが、正確性エラーの原因となるポイントなので、注意して結果を確認しましょう。

❷ 【情報】の「私はアルクの山田です。」が文面に反映されています。指定通り、株式会社アルクはALC Press Inc.に翻訳されています。

❸ 【情報】の「先日は打ち合わせをありがとうございます。」が文面に反映されている部分です。

❹ 【情報】の「頂いた質問の回答を次回の打ち合わせでお伝えします。」が文面に反映されている部分です。

❺ 【情報】の「弊社のオフィスにお越しください。」が文面に反映されている部分です。

❻ 【情報】の「次回の打ち合わせ：5月30日の15:00 or 16:00開始。」が文面に反映されている部分です。3:00 PM、4:00 PMと時刻の表記は問題ないようです。

Kindly ⑦let me know which start time works best for you.

I trust that this schedule aligns with your convenience. If there are any changes or specific requirements, please feel free to communicate them.

I look forward to our continued discussion and your valuable insights.

Thank you again for your time and attention.

Best Regards,

Yamada
ALC Press Inc.

⑧

(ChatGPT, 2023年5月)

このように指示を出して生成された英文は上の通りでした。おおむね、良い感じの英語になりました。かなり完成度が高いと思います。ただ、本当に自分が言いたい事が含まれているのかを確認する必要はあると思います。これまでお伝えしてきたような確認のプロンプトを実行してみるのも有効な方法ですし、英語が分かる人ならば、少なくとも**「正確性エラー」がないかどうかを目視でチェックすることをおすすめします。**

今回は、少し特殊な方法で確認を行って見ました。続く後工程を見てみましょう。

❼ 【情報】の「上の日程で大丈夫ですか。」が文面に反映されている部分です。

❽ 明確な指示は与えていませんでしたが、相手に対する気遣いの言葉や、英文メールの体裁として適切な締めくくりが付与されています。メールの作成と、英語への翻訳の指示から、ここまで作成する能力があるようです。

後工程

出力結果を確認する

今回の場合、通常の確認項目に加えて、箇条書きで伝えた内容がメールに含まれている必要があります。（対応する英語は、pp.196-197で示している通り、英文に含まれていることが確認できます。）

プロンプトを使って確認を行う場合は、【原文】と【訳文】を比較することになります。しかし、上のように直接英文を生成する方法だと【原文】が存在しません。ということで、これまでとは異なる方法ではありますが、**下の英語を既存の機械翻訳にかけて**（逆翻訳をして）、**その日本語と英語を【原文】と【訳文】と見立てて、確認してみました。**下にその結果を示しておきます。ちなみに、ここでは生成された英語をDeepLに入れて出てきた日本語を【原文】に設定し、ChatGPTが生成した英語を【訳文】に設定しました。

確認のプロンプト

プロンプト（ChatGPTへの指示）

あなたはプロの翻訳のチェッカーです。下の【原文】の日本語と【訳文】の英語を比べて、【原文】の命題が【訳文】で失われるような正確性エラーがないか、流暢性エラー、文体エラー、フォーマリティのエラーがないがないか、また用語のエラーがないかを確認してください。【訳文】の英語が以下の条件を満たすようにしてください。

翻訳の目的：ビジネスパートナーとの次回の打ち合わせ日程を確認し、事前にアジェンダを共有する。
対象読者：鈴木様、彼女はビジネスパートナーとして明確で丁寧なコミュニケーションを期待している。
【用語集】の中の対訳を正しく使って【原文】を英語に翻訳してください。

【用語集】は、日本語（JA）英語（EN）の対訳の用語集です。カンマ区切りのcsv形式になっています。
【用語集】
JA,EN
株式会社アルク ,ALC Press Inc.

ChatGPTが生成した英文をDeepLで和訳した文

【原文】件名 ミーティング開催予定の確認とお問い合わせへの回答について

鈴木様へ、

お元気でお過ごしでしょうか。株式会社アルクプレスの山田です。

先日のミーティングではお時間を割いていただき、ありがとうございました。鈴木様の積極的なご参加と、洞察に満ちたご質問に感謝いたします。現在、ご質問に対する包括的な回答を準備しておりますので、次回の面談の際には、ぜひご報告させていただきます。

次回のミーティングを弊社で開催する予定ですので、ご確認ください。予定では、5月30日、午後3時または午後4時に開始します。どちらの時間帯が一番都合が良いか、教えてください。

このスケジュールがあなたのご都合に合うことを信じています。もし、変更や特別なご要望があれば、遠慮なくお伝えください。
今後とも、皆様の貴重なご意見をお聞かせくださいますようお願い申し上げます。
お時間をいただき、ありがとうございました。

よろしくお願いします。

山田
株式会社アルクプレス

制作工程でChatGPTが生成した英文

【訳文】Subject: Upcoming Meeting Confirmation and Answers to Your Queries

Dear Mr. Suzuki,

I hope this message finds you well. This is Yamada from ALC Press Inc.

I wish to express my gratitude for the time you allocated for our recent meeting. I appreciate your active participation and the insightful questions that you raised. I am currently preparing comprehensive responses to your queries, which I will be pleased to provide at our next appointment.

I am writing to confirm our next meeting, which we are planning to hold at our office. The proposed schedule is on the 30th of May, starting at either 3:00 PM or 4:00 PM. Kindly let me know which start time works best for you.

I trust that this schedule aligns with your convenience. If there are any changes or specific requirements, please feel free to communicate them.

I look forward to our continued discussion and your valuable insights.

Thank you again for your time and attention.

Best Regards,

Yamada
ALC Press Inc.

以下が、このプロンプトによって得られた回答です。

ChatGPTの回答

翻訳した英文は基本的には非常に正確で、流暢さやプロフェッショナルな語調も保たれており、原文の日本語のトーンとフォーマリティにもよくマッチしています。ただし、いくつか改善の余地が見受けられます。

1. 受信者の敬称: 原文では、受信者を「鈴木様へ」と非常に丁寧に呼びかけています。これに相当する英語の表現は「Dear Ms. Suzuki」になります。あなたが最初の指示で述べている通り、鈴木さんが女性であるとわかっている場合です。

2. 敬意/フォーマリティ: 最後の文、「よろしくお願いします」は英語では直訳するものがないですが、日本のビジネスメールでは標準的な締めのフレーズです。これを「Kindly」、「I appreciate your continued cooperation」、またはそれに類する何かに翻訳することで、敬意とフォーマリティを維持することができます。

これらの要素を考慮に入れると、あなたの翻訳文は以下のように改訂できます：

【修正後の翻訳】

Subject: Upcoming Meeting Confirmation and Answers to

Your Queries

Dear Ms. Suzuki,

修正点の一点目が反映（Mr. → Ms.）

I hope this message finds you well. This is Yamada from ALC Press Inc.

I wish to express my gratitude for the time you allocated for our recent meeting. I appreciate your active participation and the insightful questions that you raised. I am currently preparing comprehensive responses to your queries, which I look forward to presenting at our next appointment.

I am writing to confirm our next meeting, which we are planning to hold at our office. The proposed schedule is on the 30th of May, starting at either 3:00 PM or 4:00 PM. Kindly let me know which start time works best for you.

I trust that this schedule aligns with your convenience. If there are any changes or specific requirements, please feel free to communicate them.

I look forward to our continued discussion and your valuable insights.

修正点の二点目が反映
（締めの文を追加）

Thank you again for your time and attention. I appreciate

your continued cooperation.

Best Regards,

Yamada

ALC Press Inc.

（ChatGPT, 2023年5月）

とても的確な検証結果が得られました。確かに、翻訳の指示書に「鈴木様、彼女は・・」と指定していたのに、生成された英語内の「鈴木様」の敬称が「Mr. Suzuki」となっていたので、その点を、エラーとして摘出してくれたのは素晴らしいです。

Section 03

プレゼンテーションの原稿を翻訳する

最後の実践例として、プレゼンテーションを取り上げます。今回の例は、スピーチ原稿（話し言葉）と対象者の英語レベルの点で注意が必要です。

スピーチ原稿を英語に翻訳してみる

では次に、プレゼンテーションを行うときの、スピーチ原稿をChatGPTで翻訳するという設定で考えてみましょう。今回は、日本語のスピーチ原稿はすでに用意されており、それを英語に翻訳するという場合を考えます。

以下がスピーチ原稿です。「AIと英語の未来」という内容で、日本人の高校生に向けて英語でプレゼンテーションをするという設定です。まずは、日本語のスピーチ内容を確認してください。

[スピーチ原稿（日本語）]
それでは、開始します。

皆さん、こんにちは。今日は皆さんと共に旅をします。その目的地は未来です。私、山田がお供をさせていただきます。では、さっそくですが皆さんに1つ質問を投げかけたいと思います。「AIと英語、この2つが未来をどのように塗り替えると思いますか?」　それは、私たちが生活する世界に対する新しい視点をもたらすかもしれません。

思い描いてみてください。AIの力により、言葉の壁がなくなり、全ての情報が全ての人に平等に届く世界を。それは、驚くべき未来のビジョンですよね。そして、私たちはその実現に向けて歩みを進めているのです。

しかし、一方で、我々日本人にとって「英語力」は必要なのでしょうか？ 「AIがもたらす未来で、人間の語学力は意味をなさなくなるのでは?」という問いが生じますよね。今日、私たちはその疑問に一緒に向き合い、考えてみましょう。

さらに、皆さんが毎日の生活で、もしくは仕事でAIを活用する方法も、一緒に探求していきたいと思います。もっと身近に、もっと簡単に、そしてもっと人間らしくAIを活用するには、どうしたら良いのでしょうか。

これらすべてを包み込むように、今日の私のプレゼンテーションは「AIと英語の未来」をテーマにしています。皆さんと共に、次の一歩を見据えるための議論を進めていきましょう。ご期待いただけましたら幸いです。

前工程

翻訳仕様を設定する

では、これを英語に翻訳するために、どのような目的と対象読者を設定すればよいでしょうか。考えてみてください。おそらく重要なのは、「日本の高校生の英語のレベルに合わせたプレゼンテーション」にしなければならないということでしょう。

以下では、いったん、英語のレベルの設定を明示せずに、以下のテンプレートでプロンプトを作成してみました。

翻訳の目的・対象読者を設定するプロンプトのテンプレート

01

次の【原文】の日本語の文章を英語に翻訳してください。翻訳するときに以下の条件を満たしてください。
翻訳の目的：**翻訳の目的を記入する**
対象読者：**対象読者を記入する**

【原文】**訳したい日本語の原文を記入する**

さらに今回は、プレゼンテーション（話し言葉）であることも追加してみました。それでは、プロンプトとChatGPTの回答結果を見てみましょう。

制作工程

ChatGPTによる翻訳

プロンプト(ChatGPTへの指示)

次の【原文】の日本語の文章を英語に翻訳してください。
翻訳するときに以下の条件を満たしてください。
翻訳の目的は、高校生たちへのプレゼンテーションです。
口頭で訴えかけます。
対象読者は、英語を学ぶ日本の高校生たち。
フォーマリティは、普通。あまりフォーマルになりすぎない、語り口調の英語でお願いします。

学生に向けたプレゼンということを考慮し、追加した指示

【原文】
それでは、開始します。

皆さん、こんにちは。今日は皆さんと共に旅をします。その目的地は未来です。私、山田がお供をさせていただきます。では、さっそくですが皆さんに1つ質問を投げかけたいと思います。「AIと英語、この2つが未来をどのように塗り替えると思いますか?」 それは、私たちが生活する世界に対する新しい視点をもたらすかもしれません。

思い描いてみてください。AIの力により、言葉の壁がなくなり、全ての情報が全ての人に平等に届く世界を。それは、驚くべき未来のビジョンですよね。そして、私たちはその

実現に向けて歩みを進めているのです。

しかし、一方で、我々日本人にとって「英語力」は必要なのでしょうか？　「AIがもたらす未来で、人間の語学力は意味をなさなくなるのでは？」という問いが生じますよね。今日、私たちはその疑問に一緒に向き合い、考えてみましょう。

さらに、皆さんが毎日の生活で、もしくは仕事でAIを活用する方法も、一緒に探求していきたいと思います。もっと身近に、もっと簡単に、そしてもっと人間らしくAIを活用するには、どうしたら良いのでしょうか。

これらすべてを包み込むように、今日の私のプレゼンテーションは「AIと英語の未来」をテーマにしています。皆さんと共に、次の一歩を見据えるための議論を進めていきましょう。ご期待いただけましたら幸いです。

上のプロンプトによって得られた英語（回答）です。

ChatGPTの回答

Let's kick things off.

Hello everyone! Today, we're embarking on a journey together. The destination? The future. And I, Yamada, will be your guide. So, without further ado, I have a question I'd like to throw at you. "How do you think AI and English will reshape our future?" It might provide us with a fresh perspective on the world we live in.

Just imagine for a moment. With the power of AI, language barriers disappear, and all information reaches everyone equally. Quite a vision for the future, isn't it? And we're steadily moving toward making it a reality.

However, there's a flip side to this. As Japanese, do we still need English proficiency? In an AI-driven future, will human language skills become obsolete? It's a question that pops up, right? Today, we'll confront and contemplate this query together.

Moreover, I want to explore with you how to use AI in your everyday life or at work. How can we utilize AI more intimately, more easily, and more humanely?

Wrapping all these together, my presentation today centers around the theme of "The Future of AI and English". I hope to further the conversation, looking towards our next steps together. I hope you're as excited as I am.

(ChatGPT, 2023年5月)

非常に流暢な英語のスピーチに翻訳されました。しかし、やはり日本の高校生ということを考慮すると、ChatGPTが生成した英語はレベルが高すぎるかもしれません。

後工程

翻訳結果を確認する

ということで、英語のレベルを確認するプロンプトを用いて、そのレベルを確認し、日本の高校生であればCEFR A2レベル程度に設定する必要があるので、必要に応じてその修正案をもらえるようにChatGPTに指示を出してみます。

プロンプト（ChatGPTへの指示）

下の【訳文】の英語を理解するためには、CEFRでどのくらいの英語レベルが必要ですか？　まずそのレベルを教えてください。もしも❶CEFR A2よりも高い場合は、そのレベルの学習者に合わせて英語を修正してください。

【訳文】

Let's kick things off.

〜〜〜 中略（pp.207-208の訳文を参照）〜〜〜

I hope you're as excited as I am.

ChatGPTの回答

この英文を理解するためには、❷CEFRでおそらくB2のレベルが必要でしょう。この段階では、読者は主要なアイデアを理解し、かなり抽象的な概念や、特に専門的な話題につ

❶ 一般的な日本人の英語レベルとCEFRの対応は以下の基準を参照。

CEFR Level	TOEIC スコア	英検	一般的な日本人の英語レベル
C2	-	-	翻訳者·通訳者
C1	945-990	1級合格	大学上級
B2	785-940	準1級合格	大学中級
B1	550-780	2級合格	高校卒業
A2	225-545	準2級合格	高校中級
A1	120-220	3級合格	中学卒業
-	-	4級合格	中学中級
-	-	5級合格	中学初級

❷ CEFR B2なので、大学中級レベルの英語力が求められるようです。これを高校中級レベルのA2（一般的な日常生活で情報の交換を行うことができる程度の英語の運用力）の相手が理解できる文にChatGPTが変更を加えるようです。

いての意見を理解する能力が必要です。CEFR A2レベルに合わせて修正した場合、文章は次のようになります。

【修正版】

Hello! Today, we ❸start a journey. Where are we going? To the future. I, Yamada, will guide you. ❹Now, I have a question. "How will AI and English change our future?" This question may ❺help us see our world differently.

検出されませんでしたが、自然な英語としてはI'llとした方が適切

Think about this. With AI, there are no language problems. ❻Everyone gets information. It's a great idea for the future, right? We are working to make this real.

But, there is another side. As Japanese, do we need to know English? In a future with AI, do we need language skills? ❼This is a question we might ask. Today, we will think about this question.

Also, I want to learn with you how to use AI every day or at work. How can we use AI better and in a more friendly way?

❽Today, I will talk about "The Future of AI and English". I hope to talk more about this and plan our next steps. I hope you are excited.

(ChatGPT, 2023年5月)

❸ 元の訳文ではembark on a journeyという表現が使われていました。embark onをstartという、平易な単語に替えています。

❹ 元の訳文では、without further ado, I have a questionでした。without further adoは「前置きはこれくらいにして」という意味ですが、高校生レベルの話者には馴染みのない表現だと言えます。

❺ 元の訳文はprovide us with a fresh perspective on the worldでした。ここも、ChatGPTは文意を掴んで、平易な表現に言い換えています。

❻ 元の訳文はall information reaches everyone equally(全ての情報が全員に平等に届く)。元の訳文では無生物主語だった文を、修正版では、everyoneを主語にすることで、日本語話者に理解しやすくしているようです。

❼ 元の訳文はIt's a question that pops up, right?でした。

❽ 元の訳文は、Wrapping all these together, my presentation today centers around the theme of "The Future of AI and English". だいぶ要約していますが、平易な英文で言いたいことがは、十分伝わると思います。

いかがでしょうか。高校生の英語のレベルに変更され、適切なプレゼンテーションができそうな原稿ができました。

また、修正された箇所の表現の前後を比較するだけでも、英語の表現の仕方に対して、色々な洞察が得られます。Chapter 5で詳しく言及しますが、私たちがAIから英語の表現を学ぶという未来も、かなり現実に近づいているのです。

Column 3

自分の「音声クローン」で英語プレゼン！ ElevenLabsを試してみる

自分の声で自然な英語音声が生成できる

英語のプレゼンテーションのスクリプトの作成方法や翻訳の方法をお伝えしましたが、実際に多くの人の前で英語でプレゼンテーションをするのはなかなか難しいでしょう。流暢な英語を話すことができませんし、発音に自信のない人もいるのではないでしょうか。

ただ最近ではオンラインによる会議やミーティングで発表したり、事前に録画をしておいた動画をその場で再生したりすることがあります。また、YouTubeなどで既に日本語のコンテンツを配信している人たちは、同じ内容を翻訳して、英語で発信することができれば、さらに多くのフォロワー獲得につながるかもしれません。

このようなときにAIを使って、自分の音声クローンを作り、あたかも自分が英語で話しているかのようにすることができたら凄くありませんか？　このコラムではその方法を伝授します。

音声生成AI ― Elevenlabsの使い方

といっても、やり方は至って簡単です。自分のクローンの音声をAIで作ることのできるサービスはいくつかあります。日本語に対応しているものは数少ないのですが、英語に対応していているものは多く、中でもElevenlabsは非常に優秀です。

Elevenlabsは、Google出身の機械学習エンジニアらが2022年に設立したベンチャー企業で、同社が開発するAIによる音声合成ソフトは、英語の音声が圧倒的に自然であることが特徴です。同社は、映画やテレビ、YouTubeなどのメディアが、音声吹き替えを素早く簡単に生成できるようにするためのサービスを販売しています。また、同社はAI Speech Classifierという判定ツールも提供しており、音声データをアップロードすると、合成音声の判定を行うことができます。

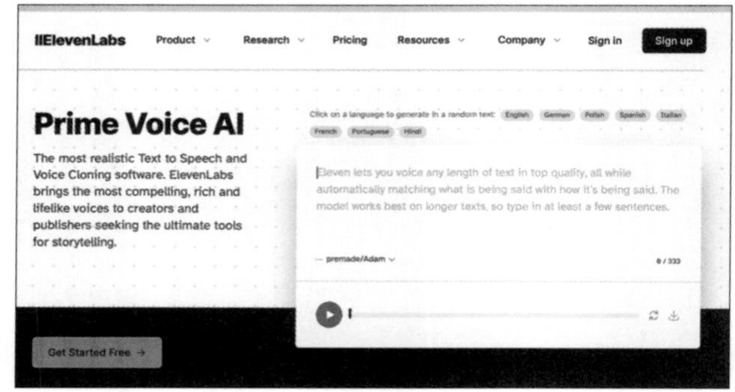

自分の音声クローンを作るには、有料のサブスクリプションに登録する必要があります。ラインナップで最も安い月額5ドルの「Starter」で大丈夫です。ログインしたら、VoiceLabメニューから、[Add Generative or Cloned Voice] を選択して、[Instant Voice Cloning] を選びます。**画面が開いたら、わずか数秒の声のサンプルをアップロードするだけです。最大でも5分程度の録音サンプルがあれば十分です。**英語を話している自分の音声がない場合は、日本語での録音ファイルでもかまいません。アップロードをしたら、数十秒から数分で準

備が完了です。

あとは、読んでもらいたい英文を［Text］部分にペーストすれば、あなたの声で英語を読み上げてくれます。

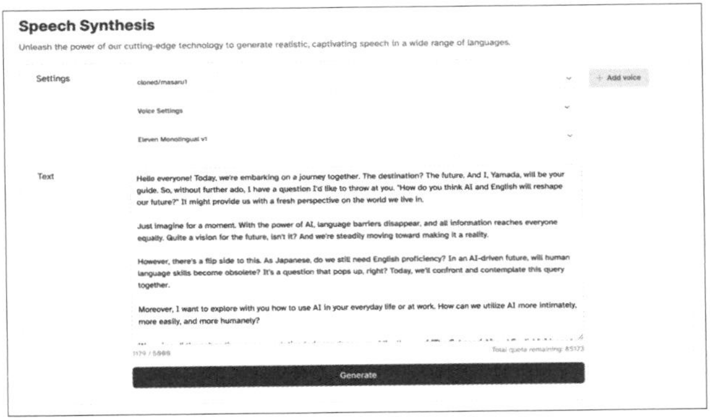

ChatGPTで作成した英訳のテキストを、自分の声で読み上げた英語のナレーションにして、吹き替え版の動画をYouTubeにアップする、なんてことも工夫次第でできるのです。あなたのコンテンツが世界へ飛び立つための一助になるツールかもしれません。ぜひ試してみてください。

https://elevenlabs.io

Chapter 5

AIと英語学習の未来予測

○○○○○○○○○○○○○○

本書では、新たな翻訳ツールとしての大規模言語モデルであるChatGPTの活用方法を解説してきました。全世界とコミュニケーションを取るために、英語の壁を越える新たな手段としてのChatGPTの役割と可能性を実践的に考察しました。機械翻訳の限界と大規模言語モデルの力を理解し、大規模言語モデルを活用するためのプロンプト作成に、どのような知識と能力が必要なのか、具体的な例を用いて説明しました。言葉の基本構造、命題とモダリティ、正確性と流暢性エラーの解消のためのプロンプトを通じて英語の理解を深めることを目指しました。

また、特に重要な英語スキルとして「メタ言語能力」を強調しました。それは、言葉を説明するための言葉を持つ能力であり、ChatGPTを活用するためには大切なスキルです。

プロンプト（指示）の使い方についても詳しく説明しました。プロンプトを通じてChatGPTにどのような情報を与え、どのような回答を得ることができるのかを理解することで、英語の表現をより具体的かつ適切にコントロールすることができます。特

○○○○○○○○○○○○○○

○○○○○○○○○○○○○○

に、ビジネスメールやプレゼンテーションのスクリプト作成などの実際的な状況における活用方法についても考察しました。

大規模言語モデルが私たちの生活にどのように変革をもたらし、新たな可能性を与えてくれるのか、この本を通じて垣間見られたと思います。しかし、ここにきて新たな疑問が生まれてきます。例えば、大規模言語モデルのような技術の進化が進むと、私たちが外国語を学ぶことは本当に不要になるのでしょうか。また、プロフェッショナルな翻訳者という職業はどうなるのでしょうか。これらのテクノロジーと人間がすべきことの棲み分けはどのようになるのでしょうか。

最終章では、これらの問いについて考えていきます。テクノロジーの進歩は間違いなく、私たちの生活に大きな影響を及ぼしています。しかし、その進歩が私たちの生活や職業、そして学習にどのような影響を与え、それにどのように対応すべきなのかを理解することは、これからの時代を生き抜くための重要な視点です。それでは、この問いを共に探求し、新たな時代を切り開く道筋を見つけていきましょう。

○○○○○○○○○○○○○○

Section 01

AI時代に英語を学ぶ必要はあるのか

技術の進歩により、英語の壁は確実に低くなってきています。将来、英語は学ぶ必要がなくなるのではないかという疑問を抱く人もいるかもしれません。一度立ち止まって考えてみましょう。

100%の回答をするAIやツールはない

機械翻訳の進化、そしてそれが我々の日々にどのように影響を与えているかについて、英語教育の現場での経験を踏まえた私なりの見解をお伝えしたいと思います。

英語学習の必要性について語るとき、忘れてはいけないことがあります。たとえChatGPTのようなAIや先進的な機械翻訳ツールがあっても、それらが100%の正確性を保証することはできないということです。結局のところ、何かを翻訳する過程で、**一定のステージでは必ず人間がその正確性をチェックしなければならないのです。**例えば、ChatGPT自体も間違いを含むことがあります。

英語への理解がより重要になる

この点を考慮すると、英語学習はなお重要なスキルとして必要とされます。私がAIが流暢な表現を出すことに感銘を受けるのは、私自身が英語力を持っているからだと思います。そして、特定の英語表現が中学生向けかどうかを見極められるのも、私自身が一定の英語力を持っているからです。

だからこそ、英語を学ぶ必要が全くないと言うことはできません。少なくとも基礎的な英語力がなければ、これらのテクノロジーを十分に利用することは難しいでしょう。結論としては、英語学習の必要性は個々の人が自身の状況に基づいて判断すべきことだと考えますが、私としては、**むしろテクノロジーの恩恵を受けてグローバルコミュニケーションが容易になったからこそ、すべての人類が、一定程度の外国語リテラシーや英語力を獲得するほうがよい**と考えます。

POINT

- 100%の翻訳を保証するAIは存在しないため、人間による正確性のチェックは必要である。
- 技術の進歩により、グローバルなコミュニケーションがより容易に可能になることで、外国語への理解はさらに重要になる。

Section 02

AIは英語学習のスタイルを変化させるのか

AI技術が進歩しても、英語への知識・理解は重要な意味を持ち続けるようです。それでは、技術の進歩は英語学習にどのような変化をもたらすのでしょうか。

AIから英語を学ぶ時代が到来する

学習の方法については、新たな変化が見えてきていると感じています。私はこの新たな視点を**「Machine Translation in Language Teaching（MTILT）」**と名付け、これを主張し続けてきました。

このアイデアの一部は、**機械翻訳やAIから学ぶという新しい視点に進むことの重要性を認識することです。**前の章でも触れたように、現代の機械翻訳の能力は、TOEICの高得点レベルと比較されることがあります。私がこれまで注目してきたのは、**機械翻訳と英語力の高い人間との違いで、それは単にメッセージを伝える正確さだけではなく、それを自然かつ流暢に伝える能力にも大きな差があるという点です。**実際には、機械翻訳やChatGPTはその流暢さで人間を上回ることがあります。

AIからは自然で流暢な英語表現が学べる

これに基づいて、学習者がテクノロジーを使って語学を学ぶ場合、**ただ基本的な語彙や文法を理解するだけでなく、自然で流暢な表現に焦点を当てるべきだと思います。**この流暢さこそが、人間と機械の間で最も大きな差を生む要素であり、自然な英語表現を身につけるためには必要不可欠なものです。

例えば、TOEICのスコア900以上を持つビジネスパーソンであっても、何かを伝えるための最低限の英語力はあっても、それが必ずしも自然で「流暢な」英語とは言えないというのが現実です。そこで私が提案したいのは、**機械翻訳やChatGPTが生成する自然で流暢な翻訳から学ぶという新しいアプローチです。**つまり、これらのツールは単なる学習補助ツールとしてだけでなく、「Goodモデル」、つまり我々が学び、模倣すべき良い例として見るべきだという考え方です[*11 *12]。

従来の学習方法は、機械翻訳のエラーを修正する、いわゆる「ポストエディット」が中心で、これは学習者が無意識に機機械翻訳を劣った存在と見なす前提に基づいていました。しかし、私たちが推奨する新しい学習のパラダイムでは、**高品質な翻訳を提供する機械翻訳やChatGPTを「Goodモデル」と見なし**、それから学びを得ることを重視しています。特に流暢さの習得において、これらのツールから得られる情報は非常に貴重です。

我々はこの新しい学習のパラダイムを「機械翻訳アシストラーニング」または「AIアシストラーニング」と呼んでいます。つまり、**機械翻訳やAIが生成する流暢な翻訳を見本として学ぶことで、自分の英語表現を改善し、自然で流暢な英語表現の習得を目指すという考え方**です。学習者が自分の英語を流暢にするための道筋として、これらの先進的なツールを活用することを私は推奨しています。

学習パラダイムのシフト ― Goodモデル ―

機械翻訳を「Good Model」と見立てて、機械翻訳から学ぶ例をみます。具体的に、以下の日本語をビジネスシーンにおいて用いる英文に翻訳して連絡することを考えます。伝えたいメッセージ（命題）を英語に翻訳すること自体はあまり難しくないかもしれませんが、ビジネスメールで使用するため、丁寧で流暢性の高い英語表現が求められます。下の日本文を機械翻訳（DeepL翻訳）に入れると示した英文が得られました。

[日本語]
弊社にご到着の際、受付で入館許可証を受け取っていただけますと幸いです。

[DeepL翻訳の英訳]
We would appreciate it if you could pick up an entry permit at the reception desk when you arrive at our company.

まず、この機械翻訳の英訳には命題エラーはありません。つまりBad Modelとして見立てて機械翻訳訳を修正する箇所はありません。ですので、学習者は、機械翻訳訳をGood Modelとして見立てて、流暢な表現を学ぶことに集中すべきです。例えば、単語レベルでは、「受付」＝the reception desk、「入館許可証」＝an entry permit、「受け取って」＝pick up、また「~しますと幸いです」＝We would appreciate it if you could のような言い方を学習できるでしょう。つまりGood Modelという学習スキームを通して、機械翻訳から流暢な表現を学ぶことができるのです。

さらに多くの英文を作成できれば、学習者はより多くの表現を学んだり、比較検討したりすることができます。このために、メタ言語が役に立ちます。

例えば、流暢性に関わるモダリティは、場面・話し相手・話題などの「状況のコンテクスト」によって変わるというメタ言語知識を学んでいたとします。モダリティは、何について話すか（例：医療、ビジネス）、誰と話すか（例：会社の上司、友達）、どんな媒体で話すか（例：メール、SNS）によって、文体が変化します。翻訳学の観点からは、「翻訳の目的」や「ブリーフ」の内容に対応します。これらのメタ言語知識を踏まえて、Chat GPTに以下のように指示（プロンプト）を入力できたとします。そうすると、機械翻訳では得られなかった数種類の翻訳のバリエーションを大規模言語モデルから得ることができます。

プロンプト（ChatGPTへの指示）

次の日本語をビジネス場面で使うのにふさわしい英語に翻訳してください。3通りの英訳をください。
弊社に到着したら受付で入館許可証を受け取っていただけますと幸いです。

ChatGPTの回答

1. We would greatly appreciate it if you could obtain your visitor's pass at the reception desk upon arrival at our company.

2. Once you arrive at our company, kindly collect your

access pass from the reception desk, which would be greatly appreciated.

3. We kindly request that you pick up your entry permit at the front desk when you arrive at our company.

(ChatGPT, 2023年5月)

このようにして、Chat GPTに適切な質問をすることで、より多くの英語表現を獲得することができました。**これらを比較することで、学習者は多くの英語表現を学ぶことが可能になります。**

具体的に英語表現に着目すると、「受け取っていただけますと幸いです」に対応する表現に「kindly collect ...」や「we kindly request that you pick up ...」などがあることが学べます。これがGoodモデルの例です。

POINT

- AIが翻訳した流暢な英語を見本として、英語表現を学ぶという新たな学習アプローチが有効になってくる。
- ChatGPTの登場により、より多くの英語表現にアクセスできるようになり、AIを英語学習に活用する可能性が広がった。

Section 03

AIは翻訳の仕事を変えるのか

本書で見てきた通り、大規模言語モデルのような新たな技術を使いこなすことで、翻訳は誰にとっても、より身近な作業になっていきます。では、翻訳という仕事の未来はどうなるのでしょうか。

翻訳は単純に技術に置き換えられない

ChatGPTのようなAIや機械翻訳が進化し、英語を自在に操ることが可能になる一方で、翻訳者はその技術を自分自身に適応させる能力を強化することで、その柔軟性を活かして翻訳業務をより効率的にこなすことが可能になります。それゆえ、**翻訳は単純に技術に置き換えられるものではなく、むしろ、進化するAI技術をツールとして活用しやすい環境が整ってきていると言えます。**

しかしながら、実際に英文メールを作成する際に、メールの要点や概要だけをAIに入力するだけで完璧なメールを作成してくれるようになると、翻訳者や秘書のような職種が脅威に感じる部分も確かに存在します。それは別の問題として考えられます。

翻訳はより身近な作業になる

プロの翻訳者にも、トップクラスの人々とそうでない人々がいます。**AI技術の進化によって、中級レベルの翻訳者が影響を受ける可能性はあります。**しかしながら、この状況を個々の視点だけでなく、業界全体の視点で見ると、新たな技術の利用により、翻訳という活動そのものがグローバルに広がる可能性があります。

例えば、私の教えている大学の学生たちは、プロの翻訳者ではありませんが、翻訳に必要な語学力と技術を持っています。彼らはプロの翻訳者になることを目指すかもしれませんが、新たなAI技術を利用することで、彼らが社会人になっても翻訳に関連する活動を容易に行える環境が整ってきています。

これらの学生たちは、中級レベルのプロの翻訳者の競争相手になる可能性があります。しかし、**人類全体を考えると、このようなツールを利用しながら翻訳活動を行う人口は増え、結果として翻訳市場全体が拡大する可能性があります。**その結果、**高品質な翻訳を提供できるプロの翻訳者は、その需要が増え続ける**と考えられます。

これを寿司に例えてみましょう。回転寿司が世界中に広まることで、多くの人々が日常的に（中級レベルの）寿司を楽しむようになるかもしれません。そして、寿司を日常的に楽しむ人々の中には、高級な寿司店で本格的な寿司を食べる機会を求める人々も現れるでしょう。つまり、寿司の需要が全体的に高まることで、高品質な寿司を提供できる職人の存在価値は変わらないと言えます。

同様に、AI技術の進化により翻訳活動を行う人口が増えると、その中で**プロの翻訳者にしかできないような高品質な翻訳を求める需要も増える可能性があります。**それにより、トップレベルの翻訳者の価値は変わらず、むしろさらに高まるかもしれません。

つまり、私たちはこれからも翻訳者という職種が必要であり続けること、そしてその中でもトップレベルの翻訳者の重要性が増すことを予見することができます。その一方で、AIと人間が共に働きながら翻訳活動を行う新たな形も生まれ、それがさらなる市場の拡大をもたらすと考えられます。私は、まずは翻訳が好きなので、翻訳という活動がグローバルに広まって、日常の人たちに身近な存在になるのを、見てみたいという欲望が、今は強く働いている気がします。

寿司の普及から考える翻訳の未来

1. 回転寿司が世界中に広まる

2. 寿司が日常的な食べ物になる

3. 高級な寿司店に行く人も増える

4. 寿司の需要が全体的に増える

回転寿司をAI翻訳に
寿司を翻訳に
換えて考えてみる

- 翻訳は単純に技術に置き換えられないが、AI技術の進化により、中級レベルの翻訳者が影響を受ける可能性はある。
- 翻訳が身近な作業になるからこそ、高品質な翻訳を提供できるプロの翻訳者の需要は、増え続けると予想される。

Section 04

AI時代に人間は何をすべきか

AIの能力が飛躍的に向上し、人間を凌駕してしまっている部分さえあるように感じられます。私たちはAIとどのように付き合っていけば良いのでしょうか。最後にこのことを考えてみましょう。

問い：機械に任せる部分と、人間がやるべき部分は？

この問いには何度も頭を悩ませたことでしょう。その背後にあるのは、機械に任せるのが最適なタスクなのか人間が行うのが最適なタスクなのかを見極め、それぞれに最適化するという発想です。これは完全に理にかなっています。

今日、世界中を見渡すと、ほとんど全ての人々がスマホを持ち、テクノロジーを利用しています。遠くの未開地に住む民族までもがテクノロジーを駆使して生活しています。この地球上にテクノロジーから全く無縁の人々はどれくらいいるでしょうか。おそらく、数は少ないでしょう。

テクノロジーから遠ざかって生活することで得られる特殊な視点や思考があるのかもしれません。また、テクノロジーの影響をあえて減らすことで、新たな思考が生まれることもあるでしょう。そのため、テクノロジーから自由な空間を確保し、そこで人間だけが行えることを見つけることも大切です。

また、翻訳という複雑な作業をしていて、自分の頭だけで考えることに集中したいときに、予期せぬ介入を受けることは避けたいです。そのためには、テクノロジーに任せる部分と、そうでない部分を見極める必要が大切です。

一方で、**テクノロジーと協働することで生まれる新たな創造性も見逃せません。**例えば、大規模言語モデルが使用する分散表現は、単語と単語の関連性を計算することを可能にしています。これにより、かつては不可能とされた、単語ベクトルの微分計算が可能になるかもしれません。これは、人間だけの発想では到底生み出せない新たなクリエイティビティを刺激する可能性を秘めています。この新たな創造性を模索し始めている人もいます。

従って、**「テクノロジーにはクリエイティビティがない」と決めつけるのは時期尚早である**と、私も考えています。もちろん、テクノロジーが進化することの負の側面への懸念は存在しますが、積極的にテクノロジーと協働するという考え方も大切だと思います。その中で、テクノロジーに任せるべき部分と人間が担当すべき部分を再考してみる。それが、最後の問い、「どこが機械に任せるべき部分で、どこが人間が行うべき部分か？」への私の回答です。

- テクノロジーにはクリエイティビティがないと決めつけるのは時期尚早である。
- 人間がテクノロジーと協働することで新たな価値が生まれる可能性を念頭に置き、問いに対して向き合うことが重要である。

おわりに

私は1990年代にアメリカで大学生をしていました。1990年代と言えば、インターネットブームの全盛期。モザイクとかネットスケープとかで「ネットサーフィン（いまや死語）」をしていた時代。Yahoo!やGoogleさえもまだ存在しませんでした。アメリカの場合は、ローカルの電話通話が無料なので、日本のように「テレホーダイ」というサービスに入るまでもなく、一晩中ダイヤルアップでインターネットに接続していました。メーリングリストをみたり、ホームページを作成したり、チャットしたりと毎日が興奮状態でした。それから、今に至るまで、すべてのIT革命を経験してきています。1999年、私は修士課程を言語学で修了。研究テーマであった、チョムスキーの生成文法、ミニマリストプログラムの興奮は、インターネットと比べると私の心の中では下火になっていました。

2000年代に入ると、私はまた大学院の博士課程に戻っていました。ネットではSNSが盛り上がりを見せ始めた頃でした。2000年代後半にはスマホも発売。また統計的機械翻訳という技術が躍進していました。コンピュータで人間の言葉を処理する自然言語処理という分野が盛り上がりを見せていた頃です。翻訳研究という分野も熱かったです。ということで、私の博士課程の研究テーマは「機械翻訳＋ポストエディット」になりました。もう、翻訳は半分、機械がやってくれる時代の幕開けです。

2010年代。AIやニューラルネットワークという言葉が躍ります。ニューラル機械翻訳の登場からTransformerのリリースまで、それらは画期的な進化でした。ニューラル学習と言えば、画像認識などが先行していた印象でしたが、どうも自然言語処理がすごいことになる予感、いやそうなる確信がありました。Google翻訳、そしてDeepLの登場は、翻訳業界のみならず外国語教育界を震撼させたのです。

このように、1990年代から、ずっと興奮しっぱなしの私。しかし、2023年のChatGPT（GPT 4）の一般公開は、これまでのすべての興奮を一掃してしまうほどの衝撃でした。その興奮は、現在進行系です。なぜでしょう。

そもそも「ことば」を扱える能力とは、人間を特徴づけるものでもあります。その能力獲得の起源は我々ホモ・サピエンスに起きた3ー8万年前の認知革命とも言われます。便宜的に、チョムスキーのいう普遍文法の獲得が、認知革命の期に起きたとしてもいいでしょう。ただ、ここで、言いたいことは、人間すなわち、人類に固有とされる言語能力（コンピテンス）を、大規模言語モデルが獲得してしまった（のかもしれないと思わせる）驚愕。少なくとも、言語運用（パフォーマンス）を大規模言語モデルが担えるのだから、これは、人類のコア能力が拡張したと考えられるわけです。そのコンピュータは、言葉だけでなく、数学やプログラミングも扱えます。こんな進化の状況に、興奮しないではいられません。そして、これはまだまだ続くのです。

本書の企画・執筆をスタートしたのは2022年の夏でした。しかし、2023年の3月には、それまで書き溜めた内容をすべて見直すことになります。興奮するのはよいのですが、全く筆が進みませんでした。日進月歩で進化するIT業界。目まぐるしい日々の中で、筆の進まない筆者を励まし、辛抱強く応援し、大きな期待を持ち続けてくれた株式会社アルクの湯川直樹氏と白川雅敏氏には心から感謝します。また、本書の執筆にあたり初期段階から相談に乗ってくださった関西大学大学院外国語教育学研究科修了生の田村颯登氏に感謝します。さらに、ChatGPTのプロンプトに関する実践や検証をサポートしてくれた立教大学大学院異文化コミュニケーション研究科のゼミ生にも、感謝の意を表します。ただ、私は今も、一連のテクノロジーの進歩に興奮し続けているのです。この本を通じて、その一部でも読者の皆様と共有できたなら本望であります。

山田 優

2023年6月吉日
大阪の自宅にて

参考文献

＊1　みらい翻訳（2019）.「機械翻訳サービスの和文英訳がプロ翻訳者レベルに、英文和訳は TOEIC960 点レベルを達成」
2022 年 11 月 4 日 取 得 :https://miraitranslate.com/uploads/2019/04/MiraiTranslate_JaEn_pressrelease_20190417.pdf

＊2　Vaswani, A., Shazeer, N., Parmar, N., Uszkoreit, J., Jones, L., Gomez, A. N., Kaiser, Ł., & Polosukhin, I. (2017). Attention is All you Need. In I. Guyon, U. Von Luxburg, S. Bengio, H. Wallach, R. Fergus, S. Vishwanathan, & R. Garnett (Eds.), Advances in Neural Information Processing Systems (Vol. 30). Curran Associates, Inc. https://proceedings.neurips.cc/paper_files/paper/2017/file/3f5ee243547dee91fbd053c1c4a845aa-Paper.pdf.

＊3　坂西優・山田優（2020）『自動翻訳大全』三才ブックス

＊4　隅田英一郎（2022）『AI 翻訳革命』朝日新聞出版

＊5　Nishihara, R. (2021）Reading comprehension of machine-translated text: A case study of English-Japanese translation. Unpublished Master Thesis. Kansai University.

＊6　Miyata, R., Kageura, K., & Yamada, M. (2022). Metalanguages for Dissecting Translation Processes. Routledge.

＊7　山田優（2022）「機械翻訳と翻訳のメタ言語」『翻訳と通訳の過去・現在・未来 ~ 多言語と多文化を結んで』泉水浩隆（編）pp. 315-338. 三修社 .

＊8　https://huggingface.co/spaces/ochyai/ochyai_food

＊9　田辺希久子・光藤京子（2008) 英日日英 プロが教える基礎からの翻訳スキル . 三修社 .

＊10　M.A.K. ハリデー (著) 山口 登・筧 寿雄 (翻訳)（2001）機能文法概説―ハリデー理論への誘い . くろしお出版 .

＊11　Tamura, H. (2023). Investigating Possibilities of Machine Translation in Language Teaching. Unpublished Master Thesis. Kansai University.

＊12　Yamada, M. (2022). Machine Translation in Language Teaching. HKBU Translation Seminar Series. September 29, 2022. YouTube: https://www.youtube.com/watch?v=WH4BAgqyBYM&t=2530s.

著者 山田 優

東京都出身。立教大学 異文化コミュニケーション学部 教授。米国ウエストバージニア大学大学院修士（言語学）。立教大学大学院異文化コミュニケーション研究科 博士（異文化コミュニケーション学／翻訳通訳学）。フォードモーター社内通訳者、産業翻訳者を経て、株式会社翻訳ラボを設立。八楽株式会社チーフ・エバンジェリスト。オンラインサロン翻訳カフェ主宰。日本通訳翻訳学会（JAITS）理事、一般社団法人アジア太平洋機械翻訳協会（AAMT）理事歴任。著書に『自動翻訳大全』（三才ブックス）、『Metalanguages for Dissecting Translation Processes』（Routledge）（いずれも共著）等がある。

ChatGPT翻訳術
新AI時代の超英語スキルブック

発行日　2023年9月6日（初版）
2024年2月8日（第3刷）

著者　山田 優
編集　株式会社アルク　出版編集部
DTP　株式会社 秀文社
校正　Peter Branscombe、濵田啓太
デザイン　新井大輔、八木麻祐子（装幀新井）
イラスト　大野文彰
印刷・製本　シナノ印刷株式会社
発行者　天野智之
発行所　株式会社アルク
〒102-0073 東京都千代田区九段北4-2-6 市ヶ谷ビル
Website：https://www.alc.co.jp/

落丁本、乱丁本は弊社にてお取り替えいたしております。
Web お問い合わせフォームにてご連絡ください
https://www.alc.co.jp/inquiry/

・定価はカバーに表示してあります。
・製品サポート：https://www.alc.co.jp/usersupport/

アルクのシンボル
「地球人マーク」です。

PC：7023020 ISBN：978-4-7574-4019-7